世界500强企业
CEO谈中国攻略

中国日报社 编著

新世界出版社
NEW WORLD PRESS

图书在版编目（CIP）数据
世界 500 强企业 CEO 谈中国攻略 / 中国日报社编著．—北京：新世界出版社，2008.1
（中外文化交流系列）
ISBN 978-7-80228-496-8

Ⅰ. 世…　Ⅱ. 中…　Ⅲ. ①跨国公司—概况—世界②三资企业—概况—中国　Ⅳ. F279.1　F279.244.3

中国版本图书馆 CIP 数据核字（2007）第 170816 号

世界 500 强企业 CEO 谈中国攻略（中文版）

主　　编：朱　灵
策　　划：李淑娟　张海鸥
编　　委：王西民　曲莹璞　任　侃　刘伟玲　宋丽军　张晓刚　史允和
执行编辑：刘伟玲　任　侃
主要作者：李卫涛　刘百家　陆浩婷　姜晶晶　戴　琰　吴允和　刘　洁　张　冉　龚铮铮　张　璐　姜　薇　王　钰　宛志弘　郑立飞　丁清芬
责任编辑：李淑娟
责任校对：张民捷
封面设计：王天义
装帧设计：清鑫工作室
责任印制：李一鸣　黄厚清
出版发行：新世界出版社
社　　址：北京市西城区百万庄路 24 号（100037）
总编室电话：+ 86 10 6899 5424　68326679（传真）
发行部电话：+ 86 10 6899 5968　68998705（传真）
本社中文网址：hhttp://www.nwp.cn
本社英文网址：hhttp://www.newworld-press.com
本社电子信箱：nwpcn@public.bta.net.cn
版权部电子信箱：frank@nwp.com.cn
版权部电话：+ 86 10 6899 6306
印刷：北京外文印刷厂
经销：新华书店
开本：787 × 1092　1/16
字数：170 千字　印张：18.5
版次：2008 年 1 月第 1 版　2008 年 1 月北京第 1 次印刷
书号：ISBN 978-7-80228-496-8
定价：48.00 元

前言

记者的工作是在记录历史。2007年的历史，对于在中国的跨国公司来说，是转型的一年。您现在看到的这本书，是在中国的跨国公司高级主管们的真情告白，也是我们的记者对这一段历史的忠实纪录。

2007年3月，人大常委会草拟了对境内的外资企业统一企业所得税的法案。这一草案结束了多年以来中国对在华外资企业所得税采取的优惠政策。与此同时，人大又通过了《物权法》，规定对国家、集体和个人的财产实行平等保护。这两项重大改变为国外投资者提供了一个强烈而清晰的信息：中国正在从不惜代价吸引外来投资，转变为塑造良好的投资环境，以吸引那些真正愿意在中国这个大舞台上发展的国际投资者。

中国政府对这些改变的自信并不难找到答案。跨国公司需要在中国发展，就如同中国需要他们一样。对大多数跨国公司而言，中国已经是全球最适合投资的十大市场之一，有些公司则根据发展计划，更是把中国排在了前五名。如今，跨国公司在国际市场的表现，往往取决于它在大中华区的业绩。随着中国日益成为世界经济的驱动力，任何不能赶上中国发展步伐的公司都注定会在这场竞技中败北，也会输掉它们在国际市场的显著声望。

但是，如何吸引更多的中国消费者似乎也变成了一道新难题。越来越多的国际公司争先恐后涌入中国市场，而中国企业争夺市场份额也不甘落后。在这种情况下，跨国公司不仅要面对本土化的压力，还要努力创新以求在激烈的市场竞争中占有一席之地。研究表明，新的发展策略将会注重开辟以二、三线城市为主的新消费市场，因为那里成本低廉，且消费能力未被完全开发。毕竟，在一个地域性差异明显的区域中经营，显然要比在发展成熟的城市中更为困难。这也就需要跨国公司为实现本土化做出更大的努力。

那些把中国视为生产者而不是消费者的跨国公司也遇到了新的难题。现在看来，中国的领导决策者开始不满足中国总是作为“世界工厂”的形象出现，他们正试图提升“中国制造”的品牌价值，而不仅仅是生产以资源和环境为代价的廉价商品。

本书将为您一一解答上述问题。各大跨国公司在华企业的总裁们将与您分享他们在中国发展的目标，遇到的挑战以及未来的宏伟计划。他们会讨论新时期在中国发展的新机遇以及投资方式的转变。我们希望借助他们的故事，帮您更好地理解跨国公司在中国的战略部署。

历史还在继续发展之中，让我们共同伴随历史前进。

朱　灵

中国日报社总编辑

2007年9月28日

目 录

空客中国展翅高飞

——访空中客车公司高级副总裁兼
中国公司总裁
博龙

2007年年初在法国南部图卢兹空中客车公司总部的年度全球高层会议上，博龙可能是最自豪的一位高层领导。

“我们的中国团队就像明星一样，”空客中国公司总裁博龙回忆道，“无论是营业额还是市场份额，我们都取得了最好的成绩，同时我们未来的发展前景也非常鼓舞人心。中国绝对是大家关注的焦点。”

每年两位数的高速增长已经使中国成为仅次于美国的世界第二大航空市场。中国经济的蓬勃发展，极大刺激了空中旅行的需求。

如何赢得国航、南航和东航这三大航空集团更多的订单一直是空客和波音在中国的传统战场。但是中国的一些“新兴市场”正在吸引博龙的注意力，而其中有两种趋势尤为明显：中国新兴航空公司的成长和中国在飞机租赁业务上表现出的极大兴趣。

新鲜血液带来的新机会

自从两年前中国政府准许建立民营航空公司以来，已经有六家民营航空公司翱翔于中国上空。这六家公司都雄心勃勃地计划扩大自己的机队。

位于上海的春秋航空目前运营4架飞机，并于2006年年底订购了10架空客A320。天津的奥凯航空运营着3架客机和1架货机，他们打算2007年将机队扩大到8架。四川的鹰联航空打算今年把机队由目前的4架扩大到10架。上海的吉祥航空计划今年从3架增加到10架，武汉的东星航空打算到2010年由目前的2架扩大到10架，基地在贵州的华夏航空计划未来五年其机队将从目前的1架扩大到30架。

中国民航干部管理学院航空法研究中心主任刘伟民教授对记者说："任何一个飞机制造商都不会忽视这个市场。"目前，中国六家民营航空公司中有四家运营着空客A320飞机。

博龙说："我们的策略是和中国所有的航空公司建立稳定的关系，不管它是最大的公司，还是最小的公司，是主流的干线公司还是支线公司或者刚起步的小公司。"他认为空客获得中国民营航空公司的欢迎主要得益于空客多年来与国际大型租赁公司，如通用电气金融航空服务公司（GECAS）和国际租赁融资公司(ILFC)，保持的紧密关系。这四家中国民营航空公司目前都通过租赁飞机来开展航空运输业务。

博龙表示，空客A320系列飞机近三分之一都是卖给国际租赁公司的。A320这种单通道飞机至今在全球已经获得5016架订单。他说："现在的问题是在卖了这么多飞机后，我们很难满足航空公司的短期需求。所有的飞机生产机位都已经订到了2010年后。但是刚建立的航空公司往往希望一拿到政府的飞行许可证就开始飞。作为飞机制造商，我们很难马上满足向他们提供新飞机这一需求。"

与飞机租赁业务打交道十多年的博龙认为，空客与国际租赁公司的长期合作在这时起到了关键作用，因为租赁公司可以更快地给这些航空公司提供飞机。

中国租赁事业方兴未艾

中国目前正在运营的900多架飞机中大约40%都是租赁的。租赁是航空公司既想迅速扩大机队，又想节约成本的一种较为经济的方法，

在国际上非常普遍。

中国将近 90%的飞机租赁市场都被国际租赁公司控制。但是一些中国公司正逐渐对飞机租赁行业表示出极大兴趣。

最好的例子就是中国银行在 2006 年底收购了新加坡飞机租赁公司。中国银行股份有限公司通过支付 9.65 亿美元现金，收购了新加坡飞机租赁公司 100% 已发行股本。自 1993 年成立以来，新加坡飞机租赁公司已成长为亚洲领先的飞机租赁公司，每年均保持盈利。中国银行表示此次收购是其非利息业务多样化战略的一部分。

中国航空工业一集团（一航）于 2007 年初与十三家大型航空工业企业和科研院组建了一家飞机租赁公司。此前，中国航空器材进出口集团公司于 2006 年 10 月与荷兰埃尔凯普飞机租赁公司 (Aercap) 及法国东方汇理银行 (Calyon Airfinance) 宣布成立飞机租赁公司。合资公司在成立初期将主要致力于中国市场。合资公司分别是设在中国北京的奇龙航空租赁有限公司 (Dragon Aviation Leasing Co., Ltd.) 和设在爱尔兰的香侬的 AerDragon Aviation Partners(爱尔兰奇龙租赁公司)。

“很显然，中国公司已经把飞机租赁看作他们未来业务发展的新动力，”博龙说。“这一新趋势在未来十年会越来越明显。我们当然也想和他们密切合作。”

中国战略丝毫未变

2006年下半年，由于A380交付延迟导致空客在四个月内换了三个首席执行官。博龙不得不更加频繁地飞回法国总部汇报中国的发展情况。博龙说：“尽管图卢兹总部的管理层发生了变动，但我们的中国战略绝对没有丝毫改变，我们甚至更加坚定了在中国的发展战略。除了与航空公司保持稳定的关系外，与中国的航空制造业紧密合作是空客中国战略的重要组成部分。我们希望中国的航空制造业将更多地融合到空客的工业生产中来，而不仅仅是提供零部件。这是双赢的合作。”

空客与中国的合作已经从零部件转包生产扩展到了未来的飞机组装和设计。2005年7月，空客（北京）工程技术中心在北京正式启用，中国将承担空客A350飞机5%的机身结构件的设计。预计2009年年初，空客将在天津建立其欧洲之外的第一个飞机总装线。“天津总装线项目是我们在华发展顺理成章的一步，但绝对不是最后一步，”博龙说。

空中客车在中国的发展战略

虽然空中客车公司到1985年才向中国销售出了第一架飞机，虽然波音公司在这方面领先了整整十三年，但空客这家欧洲飞机制造商稳步扩大其在中国内地的机队规模，市场份额从1995年的7%猛增到2006年年底的35%。

与中国航空工业结成紧密的合作伙伴关系，积极开展工业合作，是空客中国战略的一个关键部分。在天津总装线项目开工前一天，空客中国公司总裁博龙接受了记者的独家专访，并详细地介绍了这一中欧航空业的重大合作项目。

问：空客正在实施削减成本和裁员的Power8计划，您如何说服您的欧洲总部，让他们相信这个中国项目的重要性？

答：首先要明确的是，Power8 计划并不是要降低我们的生产能力。欧洲的裁员并没有在生产领域进行，实际上我们现在正在增加产量。我们目前每月制造 32 架 A320 飞机，计划将产量进一步提高到每月 36 架。我们正在研究每月生产 38 架飞机，甚至 40 架的可能性。因此，我们不会削减飞机生产工厂的员工数量。天津的项目将帮助我们提高产量，但我们并不是削减欧洲的工作职位把他们移到中国来。事实上，我们的生产需求日益增加，天津项目将有助于我们满足部分生产需求。

问：到 2011 年，天津总装线每月可生产 4 架飞机。在天津生产的所有飞机是否将全部交付给中国的航空公司？

答：每月 4 架的生产量意味着每年生产近 50 架飞机。根据现有订单，我们预计从 2009 年开始，空客每年向中国客户交付 80~90 架 A320 系列飞机。因此，天津总装线仅能满足部分本地需求。

问：为什么选择天津作为你们在欧洲之外首条总装线的所在地？

答：中国政府要求我们评估四个城市。我们根据港口、物流设施、机场设施、飞机测试空域等因素选择了包括天津在内的两个城市。中国政府从我们选择的两个城市中选择了天津。天津总装线将是我们德国汉堡总装线的翻版。

问：天津总装线需要多少员工？其中多少是中国人？招聘工作进行得怎样了？

答：截至到目前，我们已经招聘了 150 多名中国员工，既有白领也有蓝领工人。他们被分成小组在中国接受为期半年的语言和基础培训，然后将被派往汉堡和图卢兹的总装线工厂，接受在岗培训，与经验丰富的空客公司员工和专家一起工作。我们预计将招聘约 500 名员工，其中大部分是蓝领工人。一旦我们对中国员工进行了足够的培训，我们在这里仅会保留一支由外籍专家组成的核心小组。最终，天津总装线90%以上的员工都将是中国人。

问：中国已经宣布在2020年前制造大型民用飞机的计划。作为世界最大的飞机制造商，空客对中国这一决定有何看法？

答：中国有能力制造大型飞机，这一点勿庸置疑。但是挑战并非是建造飞机本身，而是销售飞机并为其提供支持。所以问题的关键在于它是否能在商业上获得成功。航空制造业是一个非常艰难而且竞争极其激烈的行业。

问：中国如何能从这个总装线项目中受益？它是否有助于中国制造自己的大型飞机？

答：总装线是飞机制造商核心能力之一，在中国建立总装线将会使中国航空业了解核心能力并且接触到关键技术。但是这些技术是否与其他项目具有足够的相似性并能用于其他项目，还要看中国制定的制造新型大飞机的技术决策。它可能以完全不同的方式总装。这个更多的是一个整体生产效率和流程的问题，而不单单是某一技术问题。天津总装线项目能对航空业产生巨大的积极影响，因为它将鼓励行业内的其他供应商扩大他们在中国的业务。

陆浩婷　文

（2007年3月5日）

超级链接

1. 空客宣布在华生产计划

空中客车中国有限公司高管在接受记者独家专访时表示，该公司计划到2016年年初在天津生产大约300架A320系列客机。

空中客车中国有限公司对华合作及伙伴关系副总裁白汉铎在采访中表示，如果天津总装线能够按时完成这个目标，空客可能与中方就未来继续在天津展开合作进行讨论。

昨天，由天津保税区、中国航空工业第一集团公司和中国航空工业第二集团公司组成的中方联合体与空中客车公司在北京签署了空中客车A320系列飞机天津总装线合资企业合同。根据合同，空中客车公司持有合资企业51%的股份，中方联合体持有49%的股份。在中方联合体持有的49%的股份中，天津保税区占60%的比例，中航一集团和中航二集团分别占20%的比例。

空客和中方合作伙伴都不愿透露该项目的投资总额。白汉铎说双方最终达成了优化成本的目标。合资企业的利润分成也将按合资比例执行。

天津生产线预计2009年上半年交付第一架飞机，2011年月产能力将达到4架。这是空客在欧洲之外的第一个飞机总装线。

中信建投证券研究所航空分析师李磊说，根据300架这个产量目标，可以推断天津生产线主要是立足中国市场，生产空客最近两年在中国获得的A320订单。此前，空客于2005年12月和2006年10月在中国各签了一个巨大的订单，总量达300架A320系列飞机。

分析家们认为天津生产线最初很难赢利，主要原因是生产成本可能偏高，同时飞机组装的利润率一般也不高。白汉铎说："空客在天津组装飞机的成本会略微高于在欧洲的成本，因为当地的人工成本虽然相对较低，但是其他成本要高得多。这些高成本主要来自欧洲运送飞机部件到天津的运输成本，外籍人员的人工成本，还有中国工程师和工人必须要经历的一个学习和熟练的过程。”李磊也强调：“其实中方（在这个项目中）的主要目的并不是为了赚钱，而是想通过它来提高中国的飞机制造水平。”

白汉铎还透露合资公司的总经理将来自空客法国，中方联合体将任命一位副总经理。他说：“空客将负责生产线的运营和质量管理，中方将负责人力资源管理，生产线的支持和服务等部门。”

另外，记者还独家获悉，中航一集团和中航二集团将在未来五年中派大约80个人到合资工厂。白汉铎认为：“一航和二航已经承诺他们派来的人绝对是我们在天津不容易招聘到的。”据悉，空客天津生产线预计员工总数为500多人。

中国已经宣布了造大飞机的雄心，一航和二航作为中国航空制造业的支柱，完全可以想象他们肩上的重任。

陆浩婷　文

（2007年6月29日）

2. 空客天津总装线动工

昨天空中客车公司在欧洲之外的第一条飞机总装线终于在天津破土动工。

该总装线将从明年夏天开始组装空客A320系列飞机，2009年上半年交付第一架中国总装的空客A320飞机，到2011年，实现每月生产4架A320系列飞机。

中方将与空客在下个月正式签署合资公司的项目合同。据悉，空客将控股51%，由天津保税区、中国一航和中国二航下属的哈飞股份和洪都航空组成的中方联合体将拥有合资公司的其余股份。

国务委员唐家璇在开工仪式上表示：“合资建设A320总装线项目

充分体现了中欧经济技术合作“优势互补、互利共赢”的特色，是加强中国与欧盟战略合作伙伴关系的新成果。通过这一项目的实施，将促进中欧航空产业的共同发展，为中欧经贸合作持续发展注入新的动力，也有利于推动天津滨海新区的开发开放，带动区域经济发展。”

空客总装线项目占地60万平发米，主要包括：建设专用的飞机总装车间、办公楼、喷涂车间和相关设施。空客将会建立一个独资的飞机交付中心。总装线项目的主体工程将于年底完工。

空中客车公司首席运营官法布里斯·布利叶在开工仪式上表示：“空客新的最高管理层非常支持我们在中国发展的这一重要举措。我们将会全力以赴保证天津总装的飞机能够按时交付，同时质量与在法国和德国总装的飞机完全一样。”布利叶是在空客新任总裁兼首席执行官路易·加洛瓦上任后于2006年11月被任命为公司首席运营官的。

目前空客正计划到2008年年底前把A320的生产能力从每月32架提高到每月36架，以满足旺盛的市场需求，而天津的项目无疑在这个计划中起着战略作用。

A320系列飞机是空客最成功的机型，截至目前已经收到5000多个订单，交付总量超过了3000架，储备订单超过2000架。这种机型在中国也同样成功，占空客在中国所有机型飞机总数的80%。中国目前运营着270多架A320系列飞机，同时还有370多架没有交付。空客拒绝透露该项目的总投资额，但是之前有媒体报道投资总额可能达到80至100亿人民币。

总装线工厂坐落于天津滨海新区，距离天津港30公里，距离天津市区只有13公里。之前天津与珠海、西安和上海三座城市一同竞争空客总装线项目，天津于去年6月最后胜出。

陆浩婷　文

（2007年6月29日）

美铝追求绿色铝工业发展

——访美铝亚太地区新任总裁
陈锦亚

今天，中国对铝工业产品的需求与日俱增。这种需求为全球最大的铝业公司美国铝业（美铝）提供了潜在的巨大商机。在中国政府高度重视并大力倡导节能环保之际，美铝一方面为中国政府提供这方面的建议，另一方面积极拓展业务，满足市场需求。美铝亚太地区新任总裁陈锦亚在采访中讲述了美铝在中国的战略和对中国市场的承诺。

问：据说美铝在中国铝工业的上下游板块均在寻求扩张的机会，如今还是这样吗？在中国政府大力控制高耗能产业发展和倡导节能环保的今天，美铝是否仍然坚持产能的扩张？

答：美铝一直视中国市场为其全球发展的重中之重。对于所有主要的铝生产企业来说，中国意味着一个快速的发展机会。早在1993年，美铝就进入中国市场，至今已经投资7亿多美元。美铝对中国铝工业承诺，它将通过世界领先技术——降低能源消耗的经验和高标准的环保水平，支持美铝在中国长期扎根并继续引领中国市场前进。

美铝坚持扩展它在中国的最大工厂——渤海工厂的投资就是这一

承诺的有力证明。一些新产品将于明年（2008年）上半年在渤海的工厂下线。具体的产品包括印刷版，罐用铝板和用于商业运输工具制造的铝板。

问：我们听说美铝正在中国寻求并购的机会。美铝选择潜在并购对象的首要标准是什么？

答：美铝对任何在中国发展的机会都持开放的态度，包括潜在的并购。但是我们现在不便透露并购的具体信息。美铝既然承诺了在中国的长远发展，当然会不遗余力地提高和增强在中国的战略前瞻和生产力。同时，作为一家审慎的行业领导者，美铝还将集中精力使中国现有的业务和生产力持续提高。

全球铝工业在未来的十四年内将翻番。到2020年，中国的铝消耗量将达到今天除中国以外，世界其他国家铝消耗量的总和。在为今后发展奠定基础的同时，我们当然应积极主动地寻求更多的方法来支持并保护这种增长。

问：你对目前中国铝工业的发展现状怎么看？

答：中国的铝工业正随着中国经济的腾飞而飞速发展。如果将铝消耗量按人均来比较，显而易见，铝的用量和经济发展的阶段有着密切联系。举例来说：截至到今天，在美国和日本，铝的人均消耗量是28~30公斤。而在中国，铝的消耗量还处于发展阶段，人均6.67公斤（数据引自安泰科2006年统计）。当然这个数字与过去十年相比已有了显著提高。从中我们不难看出，铝及铝工业的发展将是中国发展的必经之路，而且随着中国经济的繁荣，铝工业将会有更长足的进步。

中国的铝工业正在以每年24%的增长速度快速发展。我们从中国的报纸中看到，2007年1~5月，中国铝产量增长了36%，达到468万吨；氧化铝产量增长55%，达到762万吨。中国铝工业的发展潜力巨大。美铝也将一如既往地为中国铝工业的发展贡献自己的一份力量。

问：你认为实现铝工业环保和可持续发展的关键是什么？是技术，投入，还是其他？

答：在铝行业中，要想使可持续发展和环境保护齐头并进，最关键的就是经营理念的转变。因此，我们必须改变发展铝工业的传统观念。应该看到，中国对铝供应有大量需求，而铝工业的发展必须建立在低排放、低能耗的基础之上。在美铝，可持续性发展就是核心价值观之一，它与我们的日常工作息息相关。

应该指出的是，铝与其他金属材料和工业相比，有自己独特的卖点：到2020年，铝产品将广泛应用于交通领域（汽车、航空、货车、铁路，海运等），铝工业将随之演变为温室气体排放中性的一个行业。也就是说，铝广泛应用于这些领域后将减少温室气体的排放，从而抵消了产品在第一次加工时产生的温室气体。铝是世界上唯一可以做到这点的工业，这也很好地预示了铝是解决全球天气变暖的上佳选择的金属材料。

问：美铝是怎样在积极扩大产能，满足市场需求的同时，做到提高能效，保护环境的呢？

答：这不是两个互相矛盾的过程。成长和扩大必须基于节能减排这个大前提。再次强调一下，人们的经营理念改变是在铝工业发展的同时使节能得以实现的关键点。美铝的价值观是，如果环境保护和产量、利润有任何的冲突，环境总是会被放在第一位考虑。美铝从1990年开始在产量增长的同时，降低温室气体排放。目前，已经减少了26%的温室气体排放量。所以，成长和扩大是可以在节能减排的基础上实现的。

问：你对中国政府设定的长期削减单位国内生产总值消耗量，和减少主要污染物排放的目标是怎样看待的？

答：中国政府致力于环保和节能的努力非常有意义。任何节能减排的努力都应该得到认可并积极实施。

王钰　文

（2007年7月31日）

全速前进

——访美铝中国轧制产品部门总裁
鲍博·拉森

全球知名铝业公司美国铝业公司（美铝）正在通过加紧新项目的建设和对已有项目的扩张，来积极寻求在中国铝工业上下游产业的一体化发展。美铝公司在中国的发展也包括对本土公司可能的兼并与收购。

美铝中国轧制产品（Rolled Products）部门总裁鲍博·拉森（Bob Larson）告诉记者："除了在中国的已有项目，我们也在关注中国铝工业上游产业的发展机会。当然，我们也不会让下游产业的机会从眼皮子底下溜走。"这位总裁透露说：对中国这个快速发展的市场美铝会"认真考虑兼并与收购"的可能，但他拒绝透露可能的并购细节。不过拉森明确地表示，只要有合适的商机，美铝是绝对不会裹足不前的。

"我们在拓展现有项目产能的同时，也会积极寻找其他的发展机会，"拉森补充说，"我们不会等到现有项目完成后，再找其他的机会。二者应该同步进行。"

目前，美铝在渤海和昆山的合资项目正在如火如荼地进行中。位于河北省秦皇岛市的渤海项目目前只生产铝箔。到2008年年中，美铝计划拓展其生产线，在生产铝箔的同时也生产铝板。美铝不会等到

2008 年完成在建项目后，再找其他的机会。因为公司浪费不起宝贵的时间，拉森解释说。

虽然中国政府为了控制过热的氧化铝和电解铝板块的发展，出台了一些调控措施，但美铝仍然对中国市场充满信心，并期望在中国市场实现其多数铝产品的两位数快速业务发展。美铝中国区副总裁任滨彦告诉记者："目前，氧化铝和镕铝市场存在着供求的不平衡。然而，随着中国经济的进一步发展和电力短缺问题的缓解，我们预测铝工业上游产业会呈现更好的基本面。大规模和高效的企业尤为如此。"

巨人通吃

在铝工业下游产业，产能过剩对中小企业来说是个大问题。但对大企业则不是这样。

在中国平面铝轧制产品领域，有很多中小生产企业，它们主要面向国内市场。因此，当国际跨国公司进入国内市场时，这些中小企业就会面临激烈的竞争。此外，为了确保采购的质量和标准，各个行业的跨国公司倾向于把他们自己全球的供应商也带到中国来。在应用铝原料的产业，如航空和汽车行业，也是这种情况。

"在国际市场的经验使我们更好地了解到中国对跨国公司的要求。"拉森相信这些经验赋予了美铝一种优势，使它在和本土公司的竞争中处于上风。

当被问到铝工业下游产业是否有一种不可避免的整合趋势时，拉森的回答颇为圆滑，"市场会决定谁会在这样的环境中胜出，而市场竞争也会最终导致整合和并购。"

拉森还介绍了美铝在中国进一步拓展业务的准则，同时指出美铝会采取一个稳健的并购战略。他强调这一战略的金科玉律是：并购或整合一定是在赢利的前提下进行。"我们不会为了扩张而扩张。我们追求的是赢利前提下的业务拓展。我们强调的是：在技术和产品都能做到差异化的领域，稳健地拓展业务。"

中国有色金属工业协会铝业分会主任文献军认为，由于国家宏观调控的作用，铝工业上游产业将不会再继续前几年的新项目快速增长的势头。而扩张和升级现有设施的产能和竞争力，将是铝工业上游产业目前的重点。他说："由于新项目难以获批，产业扩张只能通过扩张和升级现有设施的产能和竞争力来实现。国外的产业巨头可能会通过并购规模较小的本土企业来实现提高市场份额的目的。"

同时他还指出，国资并购本土上游企业的黄金时期已经过去。因为与去年有所不同，目前氧化铝和电解铝行业的低潮期都已经过去，行业正在从整合中逐渐复苏。

至于铝工业下游产业的发展，文献军认为中国缺少像美铝这样的全球技术领导者，在满足市场需求的同时，也能提升行业的技术水平。他断定，"美铝新的生产设施，如渤海的新工厂，由于采用了全球领先的技术和生产工艺，本土的企业无法生产这个工厂的产品，因此它将具有很强的竞争力。"

过去达成的协议

美铝去年与中信集团达成协议，建立美铝渤海铝业有限公司。项目位于河北省秦皇岛市，生产从铝箔到铝板的一系列产品。公司计划投资约2亿美元，主要用于渤海铝业公司的设备建设，其中包括一座工艺先进的热轧厂及相关设备。新的热轧厂预计将于2008年投入运行。投入生产后，渤海的工厂将有能力生产高质量的铝板和铝箔制品，包括印刷版，铝罐的铝板和用于商业运输工具制造的板材。总产能将达到每年22.3万吨。它的建成投产将填补国内无法生产的铝箔和铝板的空白。

拉森介绍说，渤海工厂的扩建工作正在按部就班地进行。他对渤海工厂的商业前景很是乐观。"我们对渤海工厂的商业市场前景充满信心。我们相信这将是一次成功的投资。"同时，他认为美铝公司在渤海工厂的投资为美铝平板轧制产品在中国的销售打下了基础。拉森告诉记者："渤海工厂是我们全球轧制产品经营的一部分。在欧洲、北美和澳大利亚，我们也有类似的工厂。而渤海工厂主要供应中国国内市场，当然产品也会销往亚洲的其他市场。”

除了渤海工厂，美铝最新的对华投资是与山西运城制版集团有限公司成立合资公司。新合资公司位于上海附近的昆山市，投资总额为9500万美元，主要生产钎焊铝板。

新合资公司的成立是美铝全球铝轧制产品战略的一部分，力求通过各区域制造工厂为世界各地的客户提供相同的板材类产品。该项投资将使美铝具备为亚洲市场汽车客户提供5万吨钎焊板的能力。这将有力地充实美铝现有的位于美国兰开斯特、宾夕法尼亚和匈牙利科芬姆市的钎焊铝板生产中心的产能。

美铝是世界镕铝市场产能的领导者，也是世界第二大铝生产商。美铝的氧化铝，产能和产量全球第一。

王钰　文

(2006年10月23日)

超级链接

美铝计划将对华投资扩大四倍

全球最大的铝业公司美国铝业（美铝）计划在2014年之前将对华投资扩大四倍，以进军中国铝工业上游的氧化铝和镕铝市场。公司在其中国可持续发展报告中称："未来三年中国的铝产品消费量有望以每年10%的速度增长，因此我们（美铝）计划在2014年之前将对华投资扩大到目前的四倍。"

美铝是从1993年开始在中国开展业务的。截至到2005年底，美铝对华投资累计超过53亿元，合6.625亿美元。

美铝亚太区总裁劳埃德·H·琼斯在接受采访时说："我们（美铝）想加大对华投资。我们将在任何领域，包括铝工业上游和下游业务，寻求有商业回报的投资机会。"琼斯同时也指出，中国可持续发展报告中提到的投资是个大概的数字。他说："对未来的投资额给出一个具体数字是一件困难的事情，因为它是一笔笔具体的投资组成的，而且还要根据每次机会的把握情况而定。"

截至到目前，美铝在中国铝工业下游板块中有十五家制造企业生产汽车用的铝材。美铝也对中国铝工业上游的氧化铝和镕铝市场很感兴趣。琼斯说："我们（美铝）想在华投资一个或多个镕铝厂。如果机会成熟，我们也想进入氧化铝板块。"

琼斯认为，中国是最大的铝生产国。但是这里缺乏氧化铝——一种白色的生产铝的原料粉末。美铝肯定要用较长的时间（至少30年）才能真正进入中国的氧化铝和镕铝市场，因为美铝追求的不只是商业回报，同时还要减少对环境和社区的影响。

琼斯承认，当前的政策环境下，得到政府的批准要经历一个漫长而复杂的过程。他说："但是我们对在中国开展上游业务很有信心，也很乐观。我们肯定能达到我们的目标。”琼斯认为最终的成功取决于找到合适的机会，并与中央和地方政府密切配合。可以看到，较充足的能源供应，相对便宜的建筑成本和高成长性的市场，将使中国成为一个投资镕铝行业的理想的目的地国。

虽然中国政府决心在诸多高耗能领域（如铝工业）控制过剩产能，但重点控制的应是小型和低效的工厂。而那些采用新技术，生产新产品的工厂不应也不会是控制的对象，因为它们能帮助中国节能和提高效率。

美铝计划在中国铝工业下游板块建三个工厂，以便在2008年前将其构件产品的产能扩大到目前的三倍。其中有两个新厂分别建在上海附近的昆山和江苏省西边的苏州市。另一个扩张项目，正在河北省秦皇岛与中信的合资企业进行扩能建设中。琼斯说：“这三个工厂能将我们的构件产品的产能从目前的年产8万吨扩大到34万吨。”

同时，美铝也在计划通过新建工厂，或收购本地的竞争对手来拓展其在华业务。去年，美铝在中国的销售收入为7亿美元。而全球销售收入为260亿美元。

王颖　文

（2006年6月15日）

对决反应堆

——访阿海珐中国区总裁
戴博仁

总部位于巴黎的法国核能集团阿海珐，是最早进入中国的国外核电企业，目前其建设的核反应堆占据中国核电建设市场的半壁江山。但随着美国西屋电器公司加入中国第三代核电站的招标竞争，这家老牌的法国企业遇到了前所未有的挑战。为了赢得中国三代核电站第一单，阿海珐首次愿意向中国合作伙伴转让其最先进的核电技术。

阿海珐中国区总裁戴博仁在采访中提到："公司目前在尽一切努力来满足中国政府的要求，不管是制造流程还是知识产权的转让。"阿海珐希望能够赢得中国三代核电站首期四个核反应堆的招标，以保持其在中国核电市场的领先地位。而它的竞争对手，美国的西屋电器公司，也对中国的核电市场虎视眈眈。

据估计，中国在2020年以前会投入4000亿元用于核电设施建设。因此，阿海珐和西屋正为建设四个三带核反应堆而竞争。其中两个位于浙江三门；另两个位于广东阳江。两家公司于2005年2月已递交了各自的标书，这个80亿的招标结果原计划在2005年10

月公布，但目前仍没有最终结果。

对任何一家核电设施供应商而言，这一招标结果都至关重要。此前，中国政府表示：在今后新建的三代核电设施中将采用统一的设计。因此，这次招标的胜出意味着在今后中国政府庞大的核电投资计划中占有一席之地。

此前，中国政府已宣布2020年之前，将投资4000亿元，使中国的核发电能力由870万千瓦提高到4000万千瓦。这样巨大的投资意味着在今后的十四年中，中国需要兴建30座核电站，其中绝大多数将位于沿海工业地区，如广州和山东。

中国目前有9座运营中的核反应堆，分布于广东、浙江两省，分别采用法国、加拿大、日本和俄罗斯的技术。“在接下来的数年里，中国将是核能产业具有潜力的最大市场，”戴博仁谈到。“同时，对于阿海珐的长远发展目标，即拥有世界核电市场三分之一的份额来说，中国市场是至关重要的。”

阿海珐1986年进入中国，在过去二十年中，这家法国公司承建了中国目前正在运营的9座反应堆中的4座。在中国核电市场的份额，甚至超过本土的中国核电集团。戴博仁说：“我们能在中国取得当前的市场地位主要有两点原因，首先，我们在80年代初就同意为中国提供核电设施，而这是当时其他公司不愿或不能做到的。”“在过去这些年里，我们不仅为中国提供了核反应堆，还提供相应的核能技术，”戴博仁补充说。“此外，我们还帮助中国的合作伙伴对相应的生产流程和技术进行本地化。这对中国核工业的发展给予了巨大的帮助。”迄今为止，阿海珐已经向多个中国的核电设施制造商转让了核能技术。目前位于广东省的岭澳和大亚湾核电站，以及浙江的秦山核电站二期都采用了阿海珐核心技术设备。

中国目前是世界上第二大核能利用国。近年来，中国一直致力于发展煤和石油外的其他能源，用以维持其快速的经济和工业增长。伴随着核电站建设的高潮，中国核能发电占全国电力能力的比例将由当前的1.6%提高到2020年的4%。但是，这仍远低于17%的世界水平。

阿海珐在华东和华南的4座核反应堆的竞标中，面临着西屋的巨大挑战。总部位于美国的西屋公司建设了世界上半数的核反应堆。但在此前的二十年，由于美国政府对核能技术的出口限制，直到上世纪末，西屋在中国市场都颗粒无收。

西屋公司希望它的AP1000压水反应堆能够帮助其进入中国市场，并称这一新型反应堆比当前在中国广泛使用的反应堆要安全的多。目前，西屋公司已经获得了美国进出口银行50亿美金的贷款额度，为其参与这4座核反应堆的竞标提供资金支持。

日本最大的核能设施制造商东芝集团，在2006年2月以54亿美元收购了西屋公司，以加强其在核电市场的地位。这家总部位于东京的公司也希望通过这次竞标的成功，帮助其快速进入中国核电市场。

2006年3月，法国的财经报纸《回声报》报道，由于不愿意像美国西屋公司一样向中方提供核反应堆设计方案，阿海珐已经在此次竞标中出局。《回声报》称，西屋公司愿意以4亿美金转让设计方案，同时今后每年对每个反应堆收取1500万美元的专利费。这数额已远远低于阿海珐高达80亿欧元的要价。

“我们对赢得这一招标很有信心，尽管现在仍无法确定到底有几成把握。目前这一招标仍在进行中，”戴博仁称。他提到阿海珐的三代反应堆，即欧洲压水反应堆（EPR），每个功率可以达到1700万千瓦，比西屋的1000万千瓦反应堆更为先进。

2003年，阿海珐法马通与西门子合资公司设计的EPR反应堆在芬兰赢得了总值37亿美金的订单。这是迄今为止，世界上已建成的第一台三代反应堆。戴博仁说：“我们理解中国出于战略性的考虑，希望能在核工业上实现自给自足，这和在其他国家一样。因此，不管核电站技术是谁开发的，最终都会是中国的技术。”

汪旭　文

（2006年7月17日）

超级链接

1. 阿海珐输配电业务寻求中国产能翻番

法国电力巨头阿海珐公司宣布旗下输配电业务将在未来三年间向中国市场投资5000万欧元，以实现产能翻番。

阿海珐输配电公司与ABB，西门子并称为全球输配电三强。公司首席执行官葛菲利在福建省厦门市向记者表示，公司计划到2009年将销售额提高到5亿欧元。他说："中国是全球最具竞争力的市场之一，也是阿海珐全球市场中增长最快的地区之一。"他认为，在全球240亿欧元的输配电市场中，中国市场占到了20%。在未来三年内这一比例预计将会提高到25%。现在公司在中国有七个生产工厂，分布在北京、上海、厦门和苏州，公司还将会努力，不断扩大在中国的产能。

阿海珐中国区总裁戴博仁表示，公司在中国的投资会采取多种形式，包括建立新的工厂和购买股份。作为核能工业的领导者，2004年阿海珐收购了阿尔斯通的输配电业务，这也使得公司的业务更加多元化。

公司日前宣布启动其在厦门的两家工厂。这两家工厂总投资约为1000万欧元，主要生产用于高、中压开关的真空开关管和中压断路器。阿海珐输配电（厦门）真空器件有限公司是厦门华电开关有限公司与阿海珐输配电公司的合资企业，去年该厂的销售额达到了1700万元，今年预计将会达到3000万元。

葛菲利告诉记者，为了满足不断增长的市场需求，阿海珐计划在发展第二期工程时将进一步扩展其厦门公司的产能，但没有透露任何细节。戴博仁也表示：在上海附近的苏州，正在新建两家工厂，主要生产气体绝缘开关设备(GIS)和断路器。另一名阿海珐官员告诉记者，公司还计划建立第三个新厂，用于生产变压器，但没有说出具体建厂地址。

葛菲利表示，随着中国输电技术的快速发展，阿海珐希望通过提供产品和转让技术，获得更大的市场份额。

王颖　文

（2006 年 6 月 24 日）

2．阿海珐与清华共建研究中心

2005 年 6 月法国阿海珐输配电公司在清华大学建立了它在中国的第一个研究中心，以满足其在中国市场的不断扩张。

作为全球领先的输配电公司之一，阿海珐计划今年（2005 年）在其清华研究中心投入 50 万欧元进行五项研究。公司首席执行官葛菲利表示，该研究中心将会覆盖公司所有的业务领域。

公司副总裁告诉记者，与在印度和西安的研发机构相比，阿海珐在清华的研究中心对公司具有战略性重要意义。公司计划在今后四年中在中国的销售每年增长 25%，清华的研究中心在其中具有重要的作用。

作为全球能源巨头，阿海珐的输配电业务去年占到公司总体业务的三分之一。去年阿海珐全球销售额达到 111 亿欧元，其输配电业务销售额达到 32 亿欧元。阿海珐输配电公司计划到 2007 年将其中国销售额翻一番，达到 4000 万欧元。葛菲利说：“清华研究中心将会对我们的业务起到关键作用。它不仅能提高我们在中国的研发水平，还会提高我们在全球的研发水平。随着中国电力行业的快速发展，越来越多的外国公司将会加大其在中国的投资力度，阿海珐也不例外。”

2005 年初，阿海珐在福建省厦门市开设了两家工厂，生产断续器和断路开关。在五个现有的销售办事处，七个制造点和一个全国性的研究中心的基础上，公司计划再增加制造厂，从而使其全部产品本土化。

王颖　文

（2005 年 6 月 22 日）

您好，我是雅芳直销员

——访雅芳中国区总裁
高寿康

2006年，雅芳在中国打了一场漂亮仗。在获得了中国第一张直销牌照后，迅速对其庞大的分销体系重新整合，营业额也保持稳定增长。现在，这个世界上最大的化妆品直销企业在中国准备就绪，即将腾飞。

雅芳近期宣布进入直销第二阶段，将引进一系列新的服务模式和技术，并称这是下个月（2007年3月）开始即将在全球推广的市场战略“明天更美好”的一个重要组成部分。

雅芳中国区总裁高寿康表示，在中国实施“明天更美好”战略，有利于提高公司服务体系质量。他透露雅芳将引进“手机商务”，即所有直销员都可以通过手机发送他们的进货需求，同时将增设一个呼叫中心，以便更好地服务于直销员、服务中心和消费者。这些措施将使送货时间由过去的72小时缩减为48小时。“用两天时间递送到大城市消费者手中的确不足为奇，但是雅芳的承诺是在中小城市甚至农村地区同样准时送货，有时甚至动用马车，”高寿康说。“在大幅度提高广告市场投入的同时，雅芳将从下月（2007年3月）起投放新的直销员招聘广告和产品广告，这一切都显示着雅芳对于中国的长期承诺。”

到目前为止，雅芳是唯一一个从中国商务部获得全国性直销牌照的公司，其竞争对手安利仅在二十四个省市拥有直销权。高寿康说：“雅芳为此自豪，并将进一步发挥其优势，提高服务水平和引进新产品，为直销员和服务中心创造更多赢利机会。”

今年，雅芳将引进最新的新活系列产品，主要具有美白、抗衰老功能。同时，雅芳将重点推出“皮肤管理计划”。所有这些产品将在市场上保持领先水平至少两三年时间，”高寿康说。

截至 2006 年年底，雅芳在全国二十三省、五个自治区和四个直辖市共招聘 351556 名直销员，同时将 5400 多家专卖店改造成服务中心。这些服务中心为直销员和消费者之间搭建了一个重要桥梁。

2006 年，雅芳顺利完成其技术升级后，通过网络订货与送货完成了 95% 的订单。“通过这一年的艰辛努力，我们有信心在今年成为中国直销业的领军者，”高寿康说。

对于雅芳（中国）是个重要的销售增长点。2006 年第三季度雅芳（中国）销售额上涨 9%，达到 4930 万美元。2006 年 3 月结束的 2005 财年，雅芳在中国的销售额为 2.07 亿美元。与其全球 2005 年 81.5 亿美元的营业额相比，中国仍是一个小市场，但雅芳对中国这个市场充满信心。2005 年年底，雅芳推行新的管理结构，将地方营业点由四个增至六个。中国像其他地区一样成为直接向总部汇报的独立经营机构。

雅芳全球主席兼首席执行官钟彬娴表示：“我们对于雅芳（中国）进入直销第二阶段非常激动。我们将为所有消费者、直销员和专卖店主创造一个崭新的未来。”

雅芳近期宣布成为中国国家跳水队指定赞助商，在为期两年的合作中，雅芳将为队员独家提供化妆品和健康食品，同时使用整个跳水队作为其广告形象。无独有偶，就在同一天，竞争对手安利宣布与奥运会 110 米栏冠军刘翔签署代言协议。

作为世界上最大的直销企业，雅芳在 100 多个国家和地区拥有 500 万直销员，产品涉及美容化妆品、装饰珠宝和内衣等。

姜晶晶　文

(2007 年 2 月 12 日)

超级链接

1. 雅芳取得第一张直销牌照

2005年12月1日，在中国取消维持七年之久的直销禁令后，美国化妆品巨头雅芳公司获得国内首张直销牌照。2006年2月22日商务部审批通过雅芳直销申请。根据商务部网站披露，雅芳将拥有招聘直销员的权利。商务部同时给雅芳公司七名员工颁发直销员培训证书。

根据商务部网站消息，雅芳是目前唯一一家获准此牌照的企业，其他直销企业仍在准备或申请过程中。 美国公司如新表示，他们在两周前把申请递进商务部，现在正等待审批。

同时，美国化妆品、营养品直销公司安利还处在乡镇层面的申请过程中。公司一位不愿透露姓名的官员表示安利的第一步是在中国2300个县市当地取得营业牌照，然后向省级政府递交材料，最后向商务部提出申请。这位官员表示，“整个过程需要一段时间。”

自从1998年执行直销禁令以来，中国允许如安利这样的外资直销公司通过销售代表加店铺的形式继续营业，这一临时政策将在2006年12月1日结束。正因为如此，许多公司并不急于申请新的牌照。安利公司官员也称他们有信心在年内获得直销牌照。

由于中国直销政策的变动，很多外资公司在华销售额都受到一定程度的影响。雅芳、安利和如新的销售额在2005年都有所下滑。由于专卖店店主对未来形势的担忧，雅芳在第四季度的收入下降22个百分点。其实，雅芳公司自从2005年4月直销试点以来，公司的营业额一直下滑，在今年第二和第三季度分别下降19和16个百分点。

在大中国区的销售额为5550万美元，而2004年同期为6280万美元。在任的销售人员和管理人员数量也分别下降了17个和19个百分点。

安利总裁说：“在商业调整时期，这些都是无法避免的。”

不过，受到影响的这些公司相信他们会突破难关，并对自己企业中国市场的前景充满希望。现在，如新公司期待着今年在中国的销售额能增长 10 个百分点。

商务部今年会发行多少通行证至今尚未明确。

张璐　文

（2006 年 2 月 28 日）

2. 新面貌

叮咚，门铃一响，当你开门后会看到手拿一叠产品宣传册的推销人员，向你传授美容化妆知识并推销各类化妆品。

“我是雅芳推销员。”一名全世界著名化妆品公司的推销员，拿出公司的产品目录说，“看看我们的产品吧！”

这种场面在阔别中国多年后，将重新出现。早在 1998 年，国家为了整治“金字塔结构”传销，对这种上门推销的形式明令禁止。目前有迹象表明，国家将重新开放这一市场。雅芳公司将成为第一批试点企业，但是营业范围仅限北京、天津和广东省。

虽然雅芳表示将把直销作为其分销方式的一种，但并不会放弃目前已有的几千家雅芳专卖店。“她们（专卖店）都是雅芳的孩子，怎么会让她们消失呢？”雅芳中国有限公司销售及营运总监陈志新说，“我可以向所有专卖店店主保证，店铺的销售模式一定会保留。”他的这番话是针对先前有市场传闻公司将逐步放弃专卖店这一销售渠道而说的。在 2005 年 4 月份，商务部就宣布直销试点将在国内推出。

陈志新说雅芳有三种销售渠道：“柜台、专卖店和销售代表。公司 2004 年在中国的销售额是 2.2 亿美元，其中 70% 来自专卖店，在未来几年专卖店仍将是主要渠道。五年后，也许专卖店将不再是主要渠道，但仍将是我们直销模式的一个重要支柱，专卖店对柜台和销售代表将起到辅助补充作用。”

陈志新表示雅芳的目标是让每一位合作者都赢利，不论他们选择哪种方式与公司合作。“我们的分销网络包括6300个专卖店和1700个百货商店超市柜台。它们使我们的产品以最快的速度送到消费者手中。这些是公司最为宝贵的财富。”陈志新自豪地说雅芳在中国的销售网络排名第三，第一是中国邮政，第二是柯达公司。

虽然雅芳表示他们不会关闭专卖店，但是分析人士指出，雅芳会有意暂缓这一渠道的发展速度。中国政法大学商学院孙选中教授说，“雅芳在上门直销领域有着多年的广泛经验，当这一大门正式开启后，会不遗余力地投入到开发直销潜力上去。在有些城市，公司应该会缩减专卖店，但是不会完全取消这种渠道。专卖店的存在可以增强消费者对直销员的信任。毕竟在过去的‘金字塔’模式下，直销员的信用度遭到很大程度的损害。”

雅芳同时宣布将在本月对北京、上海、广州等重要城市的专卖店形象进行改造，计划用三年时间把6300家店全部改造完毕。陈志新称这一举措不仅可以提升专卖店在消费者心中的形象，还可以提升消费者对品牌的忠诚度，同时也反映了雅芳对这一渠道发展的坚定信心。这也是中国政府禁止直销以来，雅芳推出的第四代专卖店形象。

中国决定在上个世纪90年代禁止直销，因为很难区分合法直销与“金字塔”模式的非法传销，造成经济损失和社会紊乱。因此，雅芳等十家外资直销企业被允许用专卖店加销售代表的方式开展业务。

陈志新说：“转移销售渠道后，我们培养了一支经验丰富、衷心负责的销售团队。随着激烈的市场竞争和不断上升的消费需求，雅芳的中国销售团队将在促进公司形象方面发挥重要作用。在激烈的市场竞争中，雅芳认为一代专卖店形象仅能停留两年，所以升级形象势在必行。专卖店和产品是给消费者的第一印象，所以我们不遗余力。”

在新的形象改造计划下，一些专卖店将开设美容、美甲、美体等服务。虽然现有的一些店铺已经开设售后美容按摩服务，但陈志新表示新的业务质量和标准将高得多。比如，要开展新业务的店铺必须得到雅芳颁发的美容营业许可，同时配备两名有资质的美容师等。

同时，所有店主将投入上万元对店铺进行重新装修。陈志新承认在初期一些店主会有抵制情绪，但是当他们意识到提升店铺形象和销售额的提高有着直接的关系时，他们的想法会马上改变。

陈志新说公司市场调查显示，新的店铺形象可以吸引更多的消费者，并提高消费者在店里的停留时间。“我们要保证每一家专卖店的服务质量。”

对于发展新的专卖店，门槛将提高两倍，特许费比现有的5万元翻了一番。新专卖店将提供更轻松更客户化的服务，如与美容师一对一的咨询。

中华全国工商业联合会美容化妆品业商会会长骆燮龙分析，越来越多的化妆品企业，如欧莱雅、宝洁、资生堂和嘉娜宝，都在瞄准美容领域。因为他们知道，在专卖店或柜台购买化妆品的顾客属于低端客户，真正的中高端消费者希望在美容院得到更加细致的服务。目前中国美容化妆品产业每年的市场规模在2200亿元左右。

招募直销员

雅芳获得直销牌照开始招募工作有一个多月时间，目前在北京仅有三位报名者，公司称这在其意料之中。陈志新说，第一个报名者告诉他，现在成为直销员程序比过去复杂多了。在1998年之前，申请者仅需要提供个人身份证明即可，现在他们还要提供学历证明，而且还要经过一系列培训和考试。

与专卖店30%的利润提成相比，直销员仅有25%。陈志新承认，直销员可能会通过专卖店来进行推销，以提高利润。公司正全力控制这种欺骗行为。质量信誉是关键，然而直销人员没有产品供消费者试用，“他们有的只是配有图片和文字的宣传册。这也就是我们尝试让他们来做高端产品销售的原因”。

姜晶晶　文

(2005年5月30日)

贝塔斯曼书友会的中国攻略

——访贝塔斯曼直接集团中国区总裁
瑷秉宏

瑷秉宏（Bryan D. Ellis）清楚地记得2004年夏天的一次谈话。老板叫他过去。他们聊得轻松愉快。正准备离开时，老板突然冒出一句让他高兴而又吃惊的话，“你得到了一个晋升的机会，但必须举家迁到一个远离这里的地方——中国。”

在此之前，瑷秉宏已经在美国贝塔斯曼工作了六年。他出色的业绩和表现赢得了上司的信任。公司决定将他提升为贝塔斯曼中国书友会总经理。但是，这个决定对于当时的瑷秉宏而言并非喜讯。“那时候我和太太刚刚在纽约买了一套房子和两部车，还有一个刚出生的宝宝。我们原计划就这样在纽约安稳地生活一辈子，然而一切都变了。”

两年后的今天，瑷秉宏一家定居上海。他很庆幸公司曾经给了他这样一个难得的机会，去了解经济蓬勃的中国，发展贝塔斯曼中国的业务，尽管并不是太顺利。

他的努力也为他赢得了更高的职位。2006年2月，他被提升为贝塔斯曼直接集团中国区总裁。回忆过去两年的工作，他说：“我所做的一切就是为公司在中国的发展制定了一个新的方向。”

1997年，贝塔斯曼书友会进入中国市场，一经推出就引起巨大凡响，尤其是在中学生和大学生中间。现在贝塔斯曼书友会的销售模式多种多样，有图书目录，有网站，还有全国连锁店，提供书目或视听产品。贝塔斯曼中国网站（www.bol.com.cn）于1999年成立，它使读者能够在网上阅览或购买图书。

但是想要真正赢得中国市场，这些还远远不够。对于贝塔斯曼而言，还有很多的问题需要解决：如何在中国图书出版市场的限制下找到适合自己发展的方式；如何应对来自购书网站卓越、当当的竞争；以及如何节省成本，提高利润等等。

“我来之前，公司中国区的业务就已经很稳定，但是问题就出在这里。我们必须要在稳定中找到新的发展方向，和更多的本土同行们建立战略联盟，扩大书友会的网络，提高网络营销，延展我们的目标客户群，”瑷秉宏说。“这些都是我每天考虑的问题。”

瑷秉宏开玩笑说：他的事业很成功，不过也曾失败过，但都应付过来了。这都要归功于他的两个秘密武器：管理团队和妻子。妻子在中国出生，生活了十一年才移居美国。她也有很强的业务能力，是一位投资专家，在总部设在纽约的全球著名金融公司摩根士丹利工作。“我的老板很幸运，”他说，“他在雇用我的同时，也免费雇用了我太太。”

合资公司是最有效的发展模式

合资这个模式一直伴随着贝塔斯曼中国的发展。在瑷秉宏看来，这也是公司能够在中国长远发展的最好模式。

贝塔斯曼1993年进入中国市场，当时正逢前德国总理赫尔穆特·科尔（Helmut Kohl）访问中国。在他的提议下，随行的贝塔斯曼代表和中国相关机构就公司与中国图书出版业合作的可能性展开了讨论。1995年，贝塔斯曼和隶属于上海新闻出版局的中国科技图书公司合资成立了上海贝塔斯曼文化实业有限公司。这标志着贝塔斯曼正式进入中国市场。

贝塔斯曼走出了在中国关键的第一步。为了更快、更好地在中国市场发展，公司分别于2003年和2005年进行了另外两次合资。这两次合资在瑷秉宏看来是贝塔斯曼本土发展最有战略意义的两步。

2003年5月，作为对加入世界贸易组织承诺的一部分，中国政府正式宣布外资公司可以进入中国的出版物零售领域。贝塔斯曼当然不会放过这个机会。很快，公司与中国第一家获得图书牌照的图书零售商21世纪锦绣图书连锁有限公司结盟，成立了一家合资公司。贝塔斯曼拥有合资公司40%的股份。

这个结盟是双赢的。21世纪锦绣图书连锁有限公司可以从贝塔斯曼得到国际化的经营和品牌管理理念，而贝塔斯曼书友会的会员则可以从21世纪锦绣图书连锁有限公司在全国开设的小型图书连锁店里买到图书。这样，贝塔斯曼的书友们便多了一种购书渠道，也让公司多了一个可以与网上图书零售商当当和卓越竞争的砝码。

到2006年止，中国的贝塔斯曼书友会连锁店已经开了38家，这一数量有望在2007年年底超过58家。

瑷秉宏说："和对手相比，我们提供的购书渠道是最丰富的。你能想到的我们都有——目录、网络、手机短信、人工热线、传真，现在又加上一个，图书连锁店。当然，我们提供的支付手段也很多——信用卡、借记卡、货到交款和提前预付。"

即使是这样，会员们还会遇到购书不便等问题。北京青年政治学院 19 岁的大二学生刘佳星说："我认为还是在贝塔斯曼连锁店买书更方便、更省钱。我有很多同学上中学时就加入了贝塔斯曼书友会，但每次都要等很多天才能拿到书，而且还要支付不少邮费或者送货费。"所以，之前刘佳星只从当当或卓越那里买书，并说："为什么？他们很快啊，通常上午订购的，下午就送到。"直到去年贝塔斯曼开了王府井连锁店，而且就在她就读的学校附近，她才加入，成为其会员，感受到贝塔斯曼的优越性。

贝塔斯曼连锁书店对于中国二三级城市的书友们而言无疑更是喜讯。他们应该有和刘佳星一样的经历。不仅如此，他们往往要等更长的时间，花更多的钱去买书。

瑷秉宏说："新建的 20 家连锁大多会在二级城市，如杭州、南京、西安、武汉、宁波和青岛等地。这也许是不得已而为之，因为贝塔斯曼在中国大城市的前景似乎真的不怎么乐观。2005 年 10 月以前，公司在北京有 16 家连锁店，但是很快陆续关掉 12 家，现在北京只剩 4 家。业内人士分析其主要原因是书价太高，尤其是和打低价牌的网络零售商当当以及卓越相比。

"我们不与他们比价格，我们希望可以给消费者们带来更多的附加值，不管是书目方面，还是服务方面，"瑷秉宏说。

对于中国消费者而言，价格永远都是一个很敏感的消费因素。但在瑷秉宏看来，贝塔斯曼书友会的书价其实并不高，尤其是与欧洲国家相比。"在法国和德国卖书，利润要比中国高 25%，书价更高。在中国，一本书的平均价格通常是 1.6 欧元，而在法国和德国，书的均价则是 16 欧元。"

瑷秉宏还强调说："实际上，去年我们在北京尝试过在没有强大会员网的情况下开设多家连锁店，这一行动又一次证实了我们的商业模式，即不管哪种销售渠道，会员才是我们最重要的依靠力量。

另外一个有战略意义的本土合作是 2005 年和辽宁出版集团成立了合资公司。

2004 年 12 月，中国放开图书批发市场。2005 年 5 月，辽宁贝塔斯曼图书发行有限公司成立，注册资本为3000万元，其中辽宁出版集团占51%股份，贝塔斯曼直接集团占49%股份。

这样一来，辽宁出版集团可以借助贝塔斯曼全球化网络及资源进入国际市场。贝塔斯曼也可以“将更多、更好的国外图书通过辽宁出版集团的分销执照引入中国市场，让中国的书友们在第一时间读到最好的书”。

开拓新领域

现在，贝塔斯曼书友会在中国有150万会员。瑗秉宏说：“这个数字一直比较稳定。我们也希望维持这一数字，稳定我们的业务增长。在未来几年里，贝塔斯曼直接集团中国区核心业务有望以双位数增长。”

努力在中国开拓新的书友会会员市场，对于贝塔斯曼而言也很重要。在美国和欧洲，贝塔斯曼的目标客户是35~55岁的妇女。她们有家庭，有孩子，但是却渴望浪漫和激情，书是他们认为最好的方式。而在中国，贝塔斯曼书友会的会员们都是中学生和大学生，年龄在15~25岁之间。

“现在的问题就是如何吸引更多的人加入贝塔斯曼书友会，”一位不愿意透露姓名的公司职员说。2004年，直接集团开始尝试扩大其在华的目标客户群，在中国成立了漂亮妈妈俱乐部，意在吸引更多妇女们关注贝塔斯曼书友会。目前，针对成年读者和外国读者，公司正在尝试引入一些英语图书。“我们一直在努力吸引更多25岁以上和更多层次的中国消费者的关注，我们会继续努力的，”瑗秉宏说。

丁清芬　文

（2006年10月16日）

优秀的本土歌手是转型的关键

——专访索尼 BMG 首席运营官
蒂姆·鲍文

在唱片行业，一个公司旗下签约艺人的优劣是决定其发展的关键因素。全球第二大唱片公司索尼 BMG（SonyBMG）对于这一观点从来都是坚信不疑。

索尼 BMG 的首席运营官蒂姆·鲍文（Tim Bowen）在最近的一次北京之行中，接受了记者的采访。他说："这么说吧，一个唱片公司就好比一个足球俱乐部。大家都知道，一个俱乐部，只要拥有一队高素质的足球运动员和一个专业的教练，就能成为一个明星俱乐部。同样的道理，一个唱片公司，只要找到了优秀的艺人和一个有头脑的领导者，就能轻松地引领这个行业的发展。"

蒂姆·鲍文于 2006 年 3 月接任公司首席运营官一职。在过去的这段时间里，他一直忙碌于一件事情——对公司进行重新整合。这件事情听上去似乎很简单，但是在他看来，却真的很不容易实现。"我希望整合以后的索尼 BMG 能够变得更加紧密、高效、有条理。当然，还有一点非常非常重要的，就是我们要建立一个以艺人为核心的发展模式，”鲍文解释道。

其实，这个全球赫赫有名的唱片公司旗下有一批世界级响亮的签约歌手，如猫王埃尔维斯·普雷斯利（Elvis Presley），席琳·狄翁（Celine Dion），玛利亚·凯莉（Mariah Carey）和碧昂丝（Beyonce）。但是，在鲍文看来比签约星级歌手本身更重要的是索尼 BMG 应该将挖掘到更出色的艺人作为其长期的全球核心发展战略。

那么鲍文提到的“公司整合”究竟是什么呢？他解释说：“就是将索尼 BMG 的业务发展重点从传统的唱片或者 CD 销售转移到数字及网络音乐上来。”

索尼 BMG 的这一业务转型来的很及时。它与全球唱片市场发生的变革遥相呼应。近年来，随着全球手机用户的增加和互联网的不断普及，数字音乐以及网络音乐发展势头极其迅猛，甚至超过了传统的唱片销售。据国际唱片业协会统计，2004 年，全球数字音乐的市场容量达到 3.3 亿美元，而到 2005 年，这一数字翻了一番，上升到 6 亿美元。相比之下，同期，全球的音乐市场销售额却减少了 2%。

美国是全球最大的音乐市场，其年销售额占全球音乐市场的 81%。然而，在 2001~2006 年之间，美国的唱片销售额却下滑了 20%。与唱片市场的萧条相比，全球的数字音乐市场却呈现出生机勃勃的持续增长态势。预计到 2008 年前，全球的数字音乐市场将有望达到 37.5 亿美元。

在这样的全球市场变革驱动之下，各大唱片公司也开始调整其业务模型，逐步将业务重心从传统业务向数字业务转变。

索尼 BMG 也是其中之一。鲍文说：“很早以前，就有很多外界人士问，甚至责备我们，公司为什么不在技术方面多些投入和创新。我们也想啊，而且我们很早就开始做这方面的准备。但是要知道，这个转变过程很复杂，需要很长时间。公司其实在七年前就开始关注并进入数字音乐市场。现在我们的工作终于大功告成。但是，另一个问题又出现了，我们需要发掘更多的、更优秀的艺人。”

随着科技的介入，当今的音乐市场和十年前完全不同。消费者不再是被动地接受音乐，而是掌握了绝对的话语权。各种各样的音乐充斥着这个社会。消费者们有更多的渠道去了解音乐，同时对音乐也有更强的辨别力，因而在选择时就更加挑剔。

鲍文强调："现在，衡量一个艺人好坏的标准不在于他/她出了多少张专辑，而是看他挣了多少钱。"因此，"唱片公司再也不能像过去一样在音乐的制作上随随便便应付了。对于索尼BMG而言，现在最大的挑战也是最有意义的事情就是：如何找到最棒的歌手，制作出最吸引耳朵的音乐产品。"

数字音乐概念的出现为唱片公司创造出更多销售渠道，比如手机、互联网、视频、广播等等。这些也都是公司扩大市场的有力途径。

索尼BMG(中国)行政总裁Swee Wong说："数字音乐平台拉近了公司与消费者之间的距离。"

同时鲍文也指出："毫无疑问，数字音乐市场是巨大的。在索尼BMG，这一业务现在占到了10%，这个比例还在不断的增长。"

公司全球业务中，韩国是数字音乐发展最好的市场。当地音乐市场的55%的收入来自于数字音乐。在美国和英国，这一比例大约为25%~30%。"只要你拥有好的歌手资源，你就永远也不用担心生意不好做，"鲍文补充说。

好歌手越多越好

虽然韩国是索尼BMG全球第二大市场，但同属亚太地区的中国对公司销售业绩的贡献却还很小。鲍文说："中国市场，尤其是可以预见到的快速增长的数字音乐市场，需要，也值得所有的唱片公司持续不断地投入和开拓。"

根据研究公司InStat的预测，2006年，中国的数字音乐市场将会占到整个市场的三分之一。到2007年，这一市场的销售额将达到620亿美元。"中国对于我们而言，意味着巨大的机会，"鲍文解释说。

索尼BMG的行政总裁Swee Wong说："尽管中国的盗版现象猖獗，数字音乐市场仍然占到了公司中国业务的30%。这一比例还会持续快速增长。"

2005 年 8 月，Wong 被任命为公司中国区总裁，对于中国业务的拓展他充满信心。“他满脑子有许多新鲜的想法，但他最最关注的就是如何找到更多的本土明星，”索尼 BMG 中国区的一个项目经理 Miranda Yao 这样说道。

“在每个国家，我们都投入大量的经历去挖掘优秀的歌手，中国当然也不例外。这将是一个漫长的过程，我们会全力以赴，”Wong 说。

在 Wong 之前，公司已经和五个本土当红歌手签约。他们是陈坤、刘亦菲、韩雪和羽泉组合。当被问到将来公司在中国的签约歌手计划时，Wong 说：“其实很难具体预测我们在今后一两年时间内会签约多少歌手，但我能肯定的是在 2011 年前，索尼 BMG 在中国将会有 20~30 个本土签约歌手。”

谈到索尼 BMG 这五名签约歌手的情况时，他笑着说：“我们需要的是真正具有明星气质的歌手。现在已经签约的这五个就是我们需要的。”

中国是索尼 BMG 的重点市场

蒂姆·鲍文这次访问中国的主要目的除了参加在中国召开的一个董事会，还有就是宣布 Star Bright 在北京成立。Star Bright 是索尼 BMG 在中国成立的一个专门用来开发数字音乐市场的部门。他说：“这是一件另人兴奋的事情。现在，每个人都想在这个市场上做出点成绩来。”

在中国，网络音乐的发展一直受到盗版问题的困扰，因此很多唱片公司都开始在手机铃声等移动音乐业务上做文章，但仍摆脱不了盗版问题。另一个来自 InStat 的报告显示，中国有 7000 多家网络音乐下载服务提供商，但是只有很少的几家提供的服务是真正合法的。

“网络音乐盗版现在成了一个大问题。尽管中国政府一直在采取措施，努力打击盗版，但这一现象还是很猖獗。所以通过互联网推广艺人并不太容易，”Wong 说。

然而，谁也无法抵挡这里移动音乐市场的巨大诱惑，因为中国是世界上最大的手机潜在消费国。2005 年，中国的手机用户达到 3.92 亿。

信息产业部预测，2006年全国将新增手机用户4800万户，手机用户总量有望达4.4亿户。日本也是如此，它是世界上手机拥有量最大的国家之一。因此，索尼BMG在日本的主要赢利来源就是移动音乐业务。

一年前，索尼BMG与中国移动和中国联通签约，并与搜狐网和新浪网联合向他们的终端提供音乐产品。

无论什么样的合作，其最终的结果都只取决于一点，那就是“优秀的歌手，尤其是本土歌手，这一点在任何时候我们都不能忽略”。

丁清芬　文

（2006年11月6日）

超级链接

1．贝塔斯曼继续扩大中国业务

世界五大媒体集团之一的贝塔斯曼表示将继续看好中国的媒体和出版市场，进一步发展其在华业务，并预计其在中国的销售额五年内将持续增长，达到全球业务的10%，尽管目前中国市场只占贝塔斯曼集团全球业务的1%。

德国贝塔斯曼集团的董事会主席兼首席执行官冈特·蒂伦（Gunter Thielen）最近访问了中国，并介绍了集团在中国的发展战略。蒂伦先生说集团计划五年内在中国与其本土合作者成立10~15个合资公司。

贝塔斯曼集团旗下有六大业务，其中古纳雅尔（Gruner+Jahr）、BMG、欧唯特（Arvato）和直接集团这四大业务已经陆续在中国登陆，在华共拥有1600名员工。另外两大业务分别是欧洲最大的广播公司RTL集团和世界最大的图书出版集团蓝登书屋。集团也正在考虑将这两大业务引入中国市场。

容宪东　文

（2007年6月21日）

2．打造图书连锁，贝塔斯曼入股21世纪图书

德国传媒巨头贝塔斯曼集团昨日收购中国第一家获得图书连锁执照的21世纪锦绣图书连锁有限公司40%的股份，成为该公司的第二大股东。新公司是国家新闻出版总署与商务部2003年5月正式宣布对外资放开中国出版业零售分销领域后中国第一家中外合资全国性图书连锁机构。

占有合资公司另外60%股份的21世纪锦绣图书连锁有限公司是中国第一家民营图书连锁公司，在中国的十个城市包括北京、南京、深圳、以及厦门等地有18家连锁店。这一举动被业界公认为是一个双赢的合作，但是双方都不愿就合作的资金问题做任何评论。21世纪锦绣图书连锁有限公司的总经理方芳说，新公司将致力于在中国提供全方位的产品和服务，有书籍、音像制品、各种卡片等。但是在最初的阶段，新公司主要会关注其在北京、上海及周边地区的业务。“到今年年底，我们将会在北京城区开设3家图书连锁店，在上海开设1~2家店面。”

据21世纪锦绣图书连锁有限公司总裁罗锐韧说，按照协议，21世纪锦绣图书连锁有限公司旗下18家店面中有6~7家将会按照新的图书连锁店的要求重新改造，而剩下的12家将会被陆续关闭或者被卖掉。

贝塔斯曼否认了业界广为流传的“公司在和中国合作伙伴商议成立出版社”这一说法。按照贝塔斯曼直接集团中国区总裁文德华（Christina Unger）的说法，集团将主要以合资的形式在中国市场展开业务。

霍永哲　文

（2003年12月4日）

3．辽宁出版集团与贝塔斯曼合资图书发行公司成立

通过政府批准后，德国传媒巨头贝塔斯曼集团与辽宁出版集团组建的辽宁贝塔斯曼图书发行有限公司在北京宣告成立。这一举动将进一步帮助贝塔斯曼扩张其在华图书批发业务。

辽宁贝塔斯曼图书发行有限公司也是我国加入WTO后，第一家完全由国有资本与外资共同组建的图书发行公司。辽宁出版集团在此合资公司中占51%股份，贝塔斯曼直接集团占49%股份。公司注册资本为3000万元，国有资本绝对控股。

“尽管其分销执照涉及到报纸、书籍和期刊，但是新公司的首要业务主要是在中国分销和推广贝塔斯曼直接集团下的图书，”新公司总经理潘燕说。

合作双方都表示希望通过整和双方的人力资源以及业务资源，将合资公司打造成一个强大的图书分销商。“集团将充分利用贝塔斯曼的经验和国际网络，以及辽宁出版集团的出版资源和本土分销网络。新公司还将提供各种增值服务，开发适合本土的营销手段，”潘燕说。而辽宁出版集团副总经理俞晓群说：“合作将会提高我们的核心竞争力，扩大我们在国际市场的影响。”

“对于贝塔斯曼中国业务而言，这是一个有战略意义的合作项目，”新公司董事和睦（Holm Keller）这样评价。

2004年12月，作为其对加入世界贸易组织的承诺，中国如期开放了图书分销市场。2005年4月，另外一家由新华书店总部和英国派可多投资有限公司（PAC—Poly Investment Ltd）以及一些本土出版商、民营投资公司合资的图书分销公司成立。

在中国的图书分销市场，外资现在还不允许独资经营。在和睦看来，“贝塔斯曼也不想独自经营。作为一家德国公司，我们缺乏对本土市场足够的了解，而且经验告诉我们，要想在国际市场上取得成功，与出色的本土企业合作是非常重要的。”

贝塔斯曼1995年通过中国科技图书有限公司合作进入中国市场，然后又在2003年和21世纪锦绣图书有限公司合资进入中国图书零售市场。贝塔斯曼主要是通过目录，网上书店以及书友会的形式卖书。现在贝塔斯曼书友会在中国有150万会员。

张璐　文

（2007年6月21日）

五年内中国成为全球最大市场之一

——访波士顿咨询公司总裁兼首席执行官
汉斯·保罗·博克纳

作为世界最大的管理顾问咨询公司之一，波士顿咨询公司从20世纪80年代初便开始活跃在中国市场上，并于1993年在上海设立了其在中国的第一个办事处。现在，中国是波士顿咨询公司在全球增长最快的市场之一。因此，公司总裁兼CEO汉斯·保罗·博克纳平均每年都要到访中国五六次。

博克纳在2007年8月9日最近一次访问中国时在上海接受了记者的专访，就公司在中国的市场战略和目标，对中国咨询产业的看法，以及对知识经济和科学决策等话题阐述了他的观点。

问：作为BCG的全球CEO，你对中国市场有什么样的目标和期待？

答：我们在中国的业务肯定还将大幅度增长。过去几年里，我们在中国的业务增长速度已经远远超过我们整个公司的增长速度。

2006年我们全球的收入增长了20%，但是在中国的增长超过了30%。我希望在未来几年，我们在中国的收入增长速度仍然快于我们全球平均的增长步伐。对波士顿咨询公司而言，中国目前仍然是一个中等规模的市场，但是我们希望这种情况在未来几年内能够得到改变。我相信在5~10年之内，中国将成为我们全球五大市场中的一份子。

问：那么你将采取什么样的战略和手段来达到这个目标呢？

答：我想最关键的一点就是要组建一个既有本土咨询顾问也有海外顾问的强有力的队伍。另外一个关键的要素是，要同时服务于那些想在中国立足并扩展业务的跨国公司，和那些在国内和国际市场上都有宏伟目标的中国本地公司。由于处在不同的发展阶段，他们（中国公司）的（咨询）需求跟欧美公司有所不同，而且他们跟咨询公司打交道的经验也相对比较少。

问：那么你将如何让这些目标客户相信波士顿所能提供服务的价值所在呢？

答：品尝是检验厨艺的最好办法。因此你必须真正跟这些公司一起共事，通常是从很小的项目开始做起，来证明我们的价值，然后加深和扩展我们之间的关系。

问：你刚才说为跨国公司和本土企业提供咨询服务是波士顿咨询公司在中国战略的一部分，那么在这两个目标客户群体中有没有偏好和重点？

答：没有。对我们来说，他们同样重要。我们将尽力为在中国国内和海外开拓业务的中国公司提供帮助。我们意识到中国公司需要对咨询服务有更多的了解，也知道这需要一定时间。与此同时，我们在中国已经有很多很好的跨国公司客户。

问：作为一个经常访问中国的咨询产业的资深经理人，你对中国的咨询产业有什么看法？

答：中国的咨询产业发展势头非常强劲，覆盖了战略、公司发展、组织、运营、IT 等几乎所有咨询类别。对中国公司而言，我认为他们已经越来越重视咨询公司提供的服务了。同时，他们通过具体的项目进行学习，并从中体会到从咨询公司得到的服务的价值。

问：目前中国的咨询产业相当的散乱，你认为该产业未来几年会有比较大的整合吗？

答：咨询产业在世界范围来说都是很分散的，在中国也是如此。我不认为这种状况将发生很大的改变。当然，在这个产业中会有很多的并购发生，但是与此同时很多新的公司成立了。我相信在中国有数以千计的咨询公司，全球来说数目将是数以十万计。这其中有一些规模很大的公司，也有许多小公司，还有不计其数的个人咨询工作室。不论在中国还是全世界，这种状况我相信还将继续存在。但是,这当中只有二三十家公司能够提供真正全球化的服务。

问：你认为会有中国的咨询公司在未来几年成长为像波士顿咨询公司这样的世界级公司吗？

答：我相信中国的咨询公司都有雄心壮志，同时我也确信在 10~20 年的时间里——当然这是很长一段时间——将会有中国咨询公司走向世界。

目前已经有几家实力很强的印度(咨询)公司，比如 Infosys。Wipro 还有 Tata Systems，已经建立了强大的网络。他们一开始专注于技术，然后拓展到组织，运营等其他咨询领域。比如 Infosys 已经在美国设立了一个咨询分支机构。因此我认为，我们都需要清楚地了解中国和印度的咨询公司的雄心和目标。而且就如前面说的，我预计在 10~15 年之间将会在这两个国家诞生几家世界级的咨询公司。

问：你对他们如何能成为一个世界级的咨询公司有何建议？

答：首先，他们必须在中国国内提供良好的咨询服务。如果没有一个强有力的本土市场的话，你是不可能成为一个世界级公司的。第二，他们必须通过所提供服务的种类和质量跟别的对手区别开来。第三，他们必须有能力在全球各地都能提供完全相同的服务质量。

问：很多人对咨询服务持怀疑态度。他们不确定那些咨询建议是否物有所值。那么作为一家全球顶级管理咨询公司的CEO，你对此有何看法？

答：是的，很多公司都不了解咨询的价值所在。但是，也有不少公司通过与咨询公司合作的经验对其给予充分的肯定。而咨询公司本身也投入相当大的人力和物力，向客户展示他们所能起到的作用。因此，我们有一个庞大并且不断增长的客户群。他们都切身的体会过咨询的价值，并在使用越来越多的咨询服务。

这其实也是一个时间问题，一般来说需要十年或者十五年，在某些市场甚至需要二十年，咨询服务才能被市场广泛并真正的接受。这种情况在每个国家都是如此，在日本也这样。当我们20世纪60年代中期进入日本的时候，很多日本公司对我们也是持怀疑态度的。同样，在德国，刚开始时企业只有在经营的非常糟糕的时候才会想到咨询公司。而现在即使最好的公司也经常寻求咨询公司的服务。

问：你认为还需要多久，咨询服务在中国市场上才能被广泛接受？

答：就像我前面所说，中国公司还需要积累跟咨询公司打交道的经验。我想大概还需要十年的时间，中国的咨询市场才会比较成熟。

关于知识经济

问：咨询公司通常与知识经济联系紧密，请问您是否也对知识经济格外关注？

答：知识经济以知识和创新为基础，不仅咨询类公司与其联系紧密，世界上其他公司亦与知识经济有着千丝万缕的联系。有了知识经济，新的想法就能够付诸于实践，诸如新产品的生产、新服务的提供、新制造方法的运用、新体制和商业模式的开创等等。而知识经济本身也能够创造新的想法。知识社会和知识经济意味着人人都要不断寻找新机会、寻求新发展。知识经济的核心要素是积极的体验和耐心的试验，从中不断提高和进步，而不是原地不动。

问：请问您怎样对公司的运营进行规划，以期实现这一目标？

答：我认为关键的一点是必须确保公司在制定决策时不只遵循由上至下的路径，更要有多种分散的方式来完成决策的制定过程。从事创新活动，不仅是大家的权利，更是义务。另外，允许犯错也是鼓励人们勇于试验，激发人们挑战旧事物、创造新事物的热情。如果对于出现的每个错误都加以惩罚，人们就再也不会去尝试新的东西。发展知识经济也正是这种尝试的过程。在这个过程中，人们需要做好准备去接受那些并不成功的尝试。

问：中国的公司也会用一种革新的方式来进行知识经济的发展，您是否曾遇到有志于此的中国公司？

答：在过去的几年中，中国已经成为实力雄厚的制造业基地。其中成功的关键因素之一是低廉的制造成本。不仅国外的公司建立了越来越多的研发中心，中国公司的研发中心也逐渐建立起来。随着中国公司进入国际市场，我们必须认识到集中式管理绝不能成为公司发展的万金油。因此你不能够在上海或者北京以外的地方进行决策，而必须适应新的机会。也就是说，中国的企业家必须分散决策机制。这是中国公司发展中不可或缺的重要部分。如果你在所有的场合都用相同的方法办事，总是试图确保由上至下的集中式决策方式，那么必定会遭到失败。你必须赋予大家通过试验来尝试新鲜事物的自由，通过这种方式才能调动整个机构的创造力。这种创造力的调动也不是强迫人们在任何地方都要有所创新，而是给创造以足够的空间，因为管理者不再是由上至下地传达命令。

问：在革新的过程中，有哪些是公司常入的误区？

答：最大的问题在于总是想对全局加以控制，由此导致不能长期提供开放的环境。而只有当你遭到失败的时候，你才会想到放开这种控制，那时就太晚了。还有一些公司过于长时间地关注某些不再发挥作用的商业模式。要知道一个非常集权的商业模式只会将公司引向破产。其实，没有一个系统的方法能使每项工作都完成得准确无误。通常来说，变化是一个过程，其间难免有起伏跌宕。

问：那么您用什么样的标准来衡量这个变化的过程呢？

答：你需要把眼光放远到5~10年这样长的时间。而不是盯着眼前一两年的变化。因为，有些时候，在做了某些改变之后，在开始的半年到一年间，效果看起来可能是越变越糟的。所以，你无法在改变发生的最初阶段来判断其正确与否，而是要用更长的时间得到更多的经验。

问：您是否觉得服务型经济比制造型经济更加需要知识的支撑？

答：我并不这样认为。制造行业的发展需要很多支持性的工作，诸如物流、新产品设计开发、市场推广销售、保险和银行业的保障等。中国公司不仅要生产产品，还必须通过这些附加的支持性工作去保证公司的全面发展。这就是为什么知识型经济对服务性行业和制造行业都很重要的原因。同时，制造业还需要促进其持续发展的推动力，所以，如何进行创新性思维，提升做事的方法和内容，也是制造业颇为关心的。

王兰，郑立飞　文

（2007年8月21日）

红色激情

——访佳能中国总裁
小泽秀树

意大利人和法国人以他们充满激情与浪漫的生活方式闻名于世，而日本人却以工作高于一切的作风享誉全球。

然而，自从 2005 年 4 月小泽秀树就任佳能中国公司总裁兼 CEO 后，他推出了一项旨在鼓舞员工士气的活动。那就是素有“营销奇才”之称的小泽秀树为佳能中国设定的“激情日”。这个新奇的想法一出笼便令一些人大为震惊，但这位总裁却真心地希望通过这一活动，将欧式的“生活之乐”融入工作环境。

从此，每逢周一，佳能（中国）的办公室里就变成了一片红色的海洋。男员工包括总裁兼首席执行官小泽秀树本人都会系上一条鲜艳的红领带，而女员工们则会系上红围巾、或者身着红衬衫、红裙子，或者穿上红鞋子，挎上红色的包。在这里红色主导一切。在小泽秀树看来，激情可以让任何问题迎刃而解。他说：“周一作为每星期的第一天至关重要。热烈抢眼的红色可以激发员工的热情和激情。”

觉得有点奇怪吗？别急，还有更不可思议的呢！小泽秀树还推出了一系列鼓舞员工士气的安排，如“问候活动”和“佳能开放日”。即员工之间无论认识与否，见面时都必须打招呼，不管是用英文、中文还是日文。早晨一个专门小组甚至穿梭于办公大楼之中，不停地重复“早上好”，提醒每个人要互相打招呼。

“这些看起来都是小事情，但是非常有助于促进人们更好地交流，”小泽说。“亚洲人一般都比较内向、羞涩，不太愿意公开表达自己的看法，而更倾向于埋头苦干。”

小泽出生于日本，但是在美国接受教育并在那里长期任职。这位已经相当西化的日本人希望能给佳能中国的企业文化注入激情和创造力。在就任中国区总裁之前，他也曾在新加坡和香港工作。小泽一直负责管理佳能除日本和韩国以外的全亚洲地区的营销工作。他推行的“激情日”在亚洲区广受欢迎。这种非常规的管理方式促进了佳能的销售。

小泽三十二年前加入佳能，先从销售员做起，后成长为一名营销奇才。他认为，任何营销都开始于人与人之间的交流。而对营销人员来说，激情和积极主动的心态至关重要。“你可以拥有创新的产品和先进的企业文化，但是没有积极的交流，就无法与客户建立起感情。这意味着你很难卖出你的产品。”

除了“激情日”和“问候活动”，公司还鼓励员工们在“休闲星期五”那天穿便装上班。小泽的想法是将佳能中国的每一位员工变成优秀的销售员，让佳能中国变成一个以销售为导向的公司。

去年佳能获准可以在华直接进口并销售自己的产品。在此之前，佳能的产品必须经香港进口，方可在大陆销售。而在大陆的生产产品只能用于出口。

佳能品牌在欧美和亚洲都广受欢迎。但是第三方的调查显示佳能在中国，特别是在二线城市并不是一个强势品牌。小泽意识到佳能必须加强在华的营销攻势。他相信如果每一个员工都能成为销售员，并具有这种意识，佳能就能更有效地推广其品牌，并销售更多的产品。

“佳能中国现在是一个销售公司。任何员工，无论他来自于哪个部门，都要有客户意识，”他说。小泽将自己三十多年做销售的经历写下来，总结成“销售的十七条定律”，并通过邮件和内部刊物的形式分发给全亚洲的员工。目前佳能中国有800多名员工，是2002年的三倍。小泽希望他的员工都能迅速提高销售技巧，并把激情带到办公室。

小泽还表示："佳能会逐渐减少中国公司的日本籍员工，让更多中国的本地员工参加公司的管理。实际上，佳能中国的CEO应该是个中国人。将来整个公司都应该完全由中国人来管理。"

中国目前只占佳能亚洲（除日本、韩国之外）销售的四分之一。小泽已经制定了雄心勃勃的目标。他希望中国市场在将来能够成为佳能亚洲的领头羊。2007年年销售达到10亿美元，而且在每个业务领域包括相机和数码摄像机都是行业第一，通过其他客服手段使其品牌形象在2008年超过他的竞争对手。

为此 佳能加强了广告攻势，赞助了很多体育项目。霓虹灯广告如今遍布于15个城市。"调查发现，经常在电视上看足球的观众一般都是我们的顾客或者潜在客户。我们目前的目标是不仅要让客户满意，而且要让他们愉悦。我们要去感动他们，"他说。

"愉悦客户"意味着更好的产品，更便利的购买渠道和经历，以及更有效的售后服务。佳能已经在北京和广州建立了展示中心，为消费者提供购买前的体验机会。佳能中国已经实现了48小时内送货服务。最近在北京设立了一个日本本土之外亚洲首家快速服务中心，负责维修全线产品。一些喷墨打印机和照相机可以在一小时之内完成维修，大大方便了消费者。从去年开始，佳能也首开先河，为大陆消费者在香港和澳门购买的产品提供保修服务。小泽说，这种差异化服务将帮助佳能超越对手，赢得消费者的信赖，实现我们的市场目标。

李卫涛　文

（2005年11月7日）

佳能的成功之路

——与佳能中国总裁小泽秀树的对话

“少说多做”是大多数亚洲商界人士信奉的准则，但是佳能中国总裁兼首席执行官小泽秀树却是一个例外。

自从2005年赴华就职后，小泽就在媒体上高调亮相，定下了雄心勃勃的目标：佳能中国要实现每年30%的增长，销售额要从2004年的4.51亿美元增长至2007年的10亿美元。

小泽着手重新打造佳能中国。过去两年他设立了一个独立的打印机生产线，调整了销售渠道，为许多佳能产品创造了中文子品牌。在最近的一次采访中小泽描绘了佳能中国的成功之路。

问：在赴中国大陆就职前，您曾在香港、新加坡和美国工作。您认为众多大陆市场与其他市场相比有什么不同？

答：在来大陆之前，我的印象是大陆市场不同于其他地方。但是实际上，不管在香港、新加坡、美国、还是中国大陆，成功的基本要素都是一样的。比如，任何市场的消费者都希望买到物美价廉的产品。

而且分销商都希望能获取更高的利润。对佳能来说，我们的目标是通过我们良好的服务和产品来愉悦消费者，满足他们的需求。这是我们的基本原则。

问：2005 年您就职时表示要在 2007 年实现 10 亿美元的销售额。目前进展如何？为了实现这个宏伟目标，您采取了哪些措施？

答：当时我确实定下了这样的目标。我们要感谢中国市场所蕴藏的巨大潜力，让我们能按照与其所想的快速增长。我认为未来几年我们的增长会更快。

问：佳能目前正在致力于拓展中国二线三线城市。您的具体策略是什么？在这些市场佳能如何才能建立一个强大的品牌？

答：中国拥有 13 亿人口，每年的 GDP 增长都超过 10%，潜力无可置疑是非常巨大的。同时中国将举办 2008 年奥运会和 2010 年世博会，这会给大多数公司的业务增长带来非常正面的影响。

过去两年，我们的消费者主要来自于北京、上海这样的大城市，数量大概是 100~200 万之间。目前，随着二线三线城市居民收入的增长，我们也希望能拓展到这些城市。新增的消费者估计会有 200~300 万。

我们希望我们的本地化策略能让更多的中国消费者熟悉并喜爱佳能的品牌。我们希望将佳能中国打造成中国佳能。

问：您能具体说说佳能的本地化策略吗？

答：举个例子来说，我们为佳能打印机 PIXMA 系列产品起了一个中文名字——腾彩。这个名字意味着速度和色彩。PIXMA 对大多数消费者来说是一个相当生僻的名字。中文名称会提高佳能各品牌的认知度。我们希望越来越多的产品系列拥有中文名称。

问：佳能中国过去两年进行了重组。未来还会继续吗？

答：为了更好地适应市场需求，我们根据核心产品重新划分了业务部门。这些重组非常成功，未来我们会继续推进。

问：佳能在全球具有非常广泛的产品线。2007年在中国市场会推出哪些新产品？

答：目前佳能全球销售额是349亿美元，我们希望这一数字在2010年能够达到500亿美元。推出新品无疑是达到这个目标的一个重要途径。我们很快会推出SED电视（表面传导电子发射显示器），同时我们会拓展打印机产品线。最近我们在中国首次推出了投影机产品。我相信随着新品的不断推出，我们的销售在未来几年将会有大幅的增长。

汪旭　文

（2007年5月22日）

超级链接

1. 光影之间

90年代初期，北京居民唐晓以能经常出国的亲戚为荣。当时这些亲戚可以为唐晓带回很多时装、电子产品等外国货，但他最想得到的是相机。因为当时进口相机很少，而且由于关税的原因，价格比较高。

那时，很多人回国时都会设法带一些电子产品特别是相机回去，但是现在这种现象越来越少了。因为2001年中国加入了世界贸易组织；2003年1月中国取消了对相机进口的配额限制；2005年中国对相机及配件实行了零关税政策。这些都意味着去国外买相机已经没有太大意义了。

一系列政策变化的结果是数码相机进口猛增。2003年前五个月从广东口岸进口的数码相机达到66.6万，与上一年同期相比增长了32倍。上海和北京的进口增长更迅速，分别是上一年的53倍和66倍。这意味着唐晓这样的消费者可以以比较好的价钱买到称心的外国品牌数码相机。

其实，中国入世受益的不仅仅是唐晓这样的个人，还有那些在华的外国厂商们。

很多年前，大多数国际著名的数码相机厂商就在华设立了工厂，但是由于管制的原因必须成立合资公司。当时政府不允许外商独资企业销售其在华工厂出产的产品。而是将这些产品主要用于出口。

以佳能为例，早在1990年佳能就在珠海设立了工厂，主要生产数码相机，激光打印机和其他电子产品。该厂总经理Hirosuke Asano表示：2004年该厂的业务额猛增至9.73亿美元，而1991年只有2100万美元。然而有意思的是，由于政策的原因，该厂生产的产品必须先出口到香港，然后才可以进口到大陆进行销售。而佳能又不能直接做进口业务，必须指定其他公司代理。佳能在华已经设立了很多生产厂，而几乎每个厂都面临这样的问题，这便造成佳能在中国的销售额偏低。

据佳能中国总裁兼首席执行官小泽秀树介绍，佳能中国的销售额只占除日韩之外的亚洲业务的四分之一。2004年仅有4.6亿美元。而2004年佳能获准在华可以直接进口和销售自己的产品后，其销售才大大增加。小泽希望佳能中国的销售额在2007年可以达到10亿美元。中国加入世界贸易组织大大地促进了包括佳能在内的跨国公司的在华销售。佳能现在可以以更具有竞争力的价格，销售更多的数码相机。

以前，相机在中国一直被视为奢侈品。但是随着关税、价格的下降，相机已经走入了寻常百姓家。据一项调查显示，数码相机在中国的普及率仅为6.3%，但是另有3.4%的家庭计划在短期内购买。

这无疑让唐晓在未来享受更多的中国入世所带来的好处。

2005年1月，作为入世承诺，中国采取了数码相机及其配件以及其他信息技术产品零关税政策。而2004年，数码相机及配件的进口关税为10%~12%。咨询公司Global Sources认为，中国实行的零关税政策意味着国内相机市场的全面开放。而零关税也意味着消费者有了更多的选择。据估计目前中国数码相机市场有30多家厂家。由于劳动力价格优势，国际大厂包括佳能、富士、索尼和柯达都已经在中国设厂。

2004年中国数码相机产量达到259.6万部，占全球的45%。这意味着中国已经成为全球数码相机的生产中心。国际厂商获准在华直接销售使得水货市场进一步萎缩。长期以来，水货市场规模一度比较大，一些人通过逃避关税的方式从香港带回相机在大陆销售，而这些相机一般都没有保修。分析人士认为零关税将大大打压水货相机市场。

计世资讯分析师郭畅认为，相机零关税特别是配件的零关税政策将进一步促进国内市场的繁荣。计世资讯统计显示，2004年中国市场数码相机销售量达到264.8万部，与上一年同期相比增长了196.9%。其中有60%的数码相机销售集中在大城市，但是在三四线城市越来越多的消费者也在开始购买相机。

李卫涛　文

（2005年12月12日）

2. 本地厂商遭重创

中国消费者从入世中获益非浅，但是本地厂商却受到重创。2002年中国厂商占有10%~12%的市场份额，但是由于市场的开放，主要厂商，如联想、方正科技和清华紫光的市场份额不断下降。

方正科技2004年由于业绩下滑，大幅缩减了对数码相机市场的投资，而且有迹象显示方正可能会被迫退出该市场。这也可能是国内厂商集体退市的先兆。方正科技总裁祁东风表示由于国外厂商掌握了核心技术，国内厂商在市场上难有作为。国内厂商一直依靠低价格占领市场，但是由于国际品牌价格不断下降，他们的价格优势越来越不明显了。

如今一个400万像素的数码相机价格不过2000元人民币。郭畅认为随着利润率不断下降，越来越多的国内厂商会被迫退市。由于竞争的加剧，一些较小的国际厂商如惠普也已经退出了中国的数码相机市场。郭畅表示由于中国消费者对价格相当敏感，估计价格战将持续很久，这也意味着小厂商的日子会越来越难过。

李卫涛

（2005年12月12日）

快速扩张

——访家乐福集团首席执行官
杜哲睿

在中国，光顾家乐福大卖场的顾客们平均每次消费 110 元。如果将这一数字乘以中国的消费者基数，可以想象是多么庞大的数字。而家乐福，全球第二大零售商，希望其扩张速度能够跟上快速增长的国内市场。

家乐福首席执行官杜哲睿（José Luis Duran）告诉记者，公司计划 2006 年在中国新开 20 家大卖场，多于 2005 年的 14 家。而这些新的大卖场代表着家乐福 2006 年全球扩张计划的五分之一。杜哲睿表示："从全球来看，家乐福计划今年在亚洲新增 45 家大卖场，欧洲 30 家，拉丁美洲 25 家。这一发展速度至少会持续至 2008 年。"

目前，家乐福在中国有 76 家卖场。到目前为止，家乐福已经新开了 7 家，在年内还将增开 13 家。与此同时，家乐福在中国经营着 230 家迪亚折扣店，并计划在年内增开 70 家。

由于中国经济每年以超过 9% 的增速增长，业内人士预计国内的零售市场将以 8%~10% 的年增速快速增长，零售额将在 2020 年达到

24000亿美元。因而，当零售业对外资逐渐放开的时候，外资零售商们竞相开店，期望在这一市场取得较大的市场份额。家乐福在全球的最大竞争对手沃尔玛计划2006年在中国新增18~20家新店。

杜哲睿表示，对于家乐福这家法国零售商来讲，快速扩张也是其全球战略的一部分。在其主要市场，新增店面的速度将在2006~2008年期间大幅提高。

公司计划在2006年新增100家大卖场。这一规模是公司历史上最大的一次，也是公司在2001~2004年年均增速的两倍。如果加上公司旗下其他的店面，包括超市，折扣店及便利店，家乐福全年的计划新增1000家店面，相当于150万平方米的零售面积。他说："总而言之，我们希望在较少的国家，增加更多的零售面积，从而提高每一欧元投资的价值。"

目前，家乐福已经从一些像韩国这样盈利不高的国家撤出，而将精力与投资集中在其领先的主要市场。

"在中国，我们还需要一些时间成为更重要的零售商。可以看到，家乐福十年内在中国所开的店面数已经超过了过去三十年我们在西班牙与巴西所开的店面数，"杜哲睿先生说。

2005年，家乐福在中国的营业收入为20亿欧元，仅占集团全球收入的2%左右。家乐福监事会主席卢克·范德维德(Luc Vandevelde)表示，在快速扩张之外，家乐福还会有更多的创新。公司计划在中国开设其全球范围内第一家环保超市。

他表示这一"绿色"超市将建在北京，而该超市将比其他店面节省30%的水电。计划于2008年之前开业的这家店，将使用可回收的包装袋及特制的电动车。这也将是家乐福首次购买地产建店，而之前家乐福所有的店面都是租用的。

杜哲睿相信找到合适的地点与人才来支持其快速扩张不是什么难题。"我们将坚持与本地公司合作。他们更擅长于寻找合适的地点。"同时，家乐福自己也有一个四十人的开发团队，为其大卖场选择合适的地点。

近期，家乐福与中欧国际工商学院签署了三年的合作协议，支持

学院的发展。作为回报，家乐福可优先招聘学院的精英。

卢克·范德维德表示将来会有更多的本地人才在家乐福担任高级管理职位。目前家乐福中国80%的大卖场经理为中国人，而这一份额将继续增长。

戴琰　文

(2006年5月31日)

超级链接

1. 家乐福亚洲旗舰店落户北京中关村

2004年3月17日，家乐福在北京的第5家大卖场正式开业。而在过去的近三年时间里，这家法国零售商一直在根据商务部的要求进行整改，在首都没有新增任何店面。

新开的卖场，也是家乐福在亚洲的旗舰店，坐落于新开发的中关村西区。占地11600平方米。这家旗舰店比家乐福以往在中国开的任何一家卖场都大很多。店面布局，以及食品安全控制，环境卫生等方面都与家乐福在欧洲的卖场相当。

“位于IT企业云集，拥有众多的白领及大学生消费者的高科技地区，这家新的卖场对家乐福来讲十分重要。”家乐福中国总裁施荣乐(Jean Luc Chereau)表示，“我希望这是我们在这一区域发展的良好开端。”

由于以前没有较大的购物中心与卖场，中关村地区吸引了众多的外资零售商。家乐福的主要竞争对手之一普尔斯马特也计划年内（2004年）在中关村地区开一家购物中心。

在中关村店开业之后，家乐福计划年内在北京再新开1~2家店。同时，其在山东济南的卖场也将在短期内开业。显然，这一切都表明家乐福在经过两年半的整改之后，开始加速其在华的扩张。

1995年进入中国市场，但其后来的扩张违反了中国关于外商投资零售企业的相关规定，三年前被政府主管部门要求进行全面整改，使其在合资公司中超过65%的股权必须转让给中方合作伙伴，而且在整改期间，家乐福不得增开新店。“经过两年半的努力，我们已经完成了在中国的业务整改，现在家乐福中国将进入一个快速发展期，”施荣乐表示。

家乐福公关负责人表示公司计划今年在全国新增10多家店面。上月，家乐福在西北的新疆乌鲁木齐与东部的上海分别开设了一家大卖场。有关分析人士指出：当中国政府逐渐放开其对外资的限制后，外资零售商都期望能在中国站稳脚跟，而家乐福也急于扩张，希望能够拥有较大的市场份额。

根据中国入世承诺，年底将放开对外资零售商的地域限制，而其他的限制在2007年将完全放开。

但是，2004年3月初，100多位人大代表提出议案，建议开设大型商场需举行听证会。业内人士认为很明显这一提案是针对像家乐福这样的外资零售商的扩张。然而，施荣乐对此并不担心。“我们能够很好地应付国际贸易准则，我们也能够处理好国内规则。我相信消费者会决定他们到底想要什么。”

中国商业联合会的数据显示，家乐福2003年在中国的营业收入为134亿元，在外资超市中名列首位。

张璐　文

(2004年3月18日)

2. 差异化策略

作为一家法国公司，家乐福在中国的本土化模式十分成功。

在上海长宁区较为高档的古北社区，家乐福的卖场提供比在其他地区的卖场更多的进口食品。家乐福古北店的一层出租给了运动品牌，如阿迪达斯和耐克，而一年前化妆品零售商丝芙兰将其在中国的第二家店也设于此。这些都为家乐福带来了稳定的租金收入。很显然，因地制宜的商品结构使古北店成为家乐福中国所有卖场中单店营业额最高的一家。

而在上海虹口区的家乐福曲阳店则完全不同。该店是家乐福在中国的第一家店，主要以中低档商品为主，乍一看像走进了菜市场。由于周边居民收入相对较低，该店经常举行促销活动，甚至提供免费零食，吸引了众多的老年人。

自1995年进入中国以来，家乐福发展了不同档次的卖场形式以迎合不同地区消费者的需求。

目前家乐福在中国的79家大卖场中，10家以生鲜食品为主。此外，公司还在中国经营200多家折扣店，是国内最大的外资零售商。

上海一家零售业研究公司CTR市场研究的报告显示，家乐福在全国15个主要城市占有至少5%的市场份额，市场渗透率高达47.2%，即近一半的家庭在一年内曾经光顾过家乐福。

不同的顾客，不同的店面

中国连锁经营协会信息部主任杨青松认为家乐福的成功在于其独特的经营模式。家乐福各店拥有一定的自主权，可以直接从当地的供货商那里采购，没有仓库和物流，因此这方面的成本很低。

两年前家乐福曾尝试全国集中采购与配送，但由于中国各城市消费者的需求存在很大的差异性，整合没有成功。 而本地采购不仅有利于家乐福销售额的增长，也帮助零售商与当地政府、供应商之间建立良好的合作关系。同时，这些供应商为家乐福中国的利润也做出了很大的贡献。

通常一家企业想进入家乐福的渠道，必须交纳一定的费用，包括促销活动费用、店内旺销位置优先进入权、良好营销环境的优先进入权等。据推算，这些费用最高可达家乐福卖场年营业额的36%左右。

此外，家乐福会将每家店一层的很大一部分区域出租给一些服装、化妆品、饰品等商铺，给家乐福带来稳定的租金。

沃尔玛的集中采购体系

灵活有效的本地化策略使得家乐福在中国站稳了脚跟，而世界第一大零售商沃尔玛的全球化策略在中国则面临着窘境。

沃尔玛以其总部集中控制、成本控制、物流系统和信息系统而闻名。它将制造商、物流商等完全纳入自己的体系之中。然而在中国，它的全球采购与物流配送系统却受到政府政策及本地供应商落后的信息系统的影响。

沃尔玛在中国根本无法建立起像美国那样高效运作的配送中心。中国没有北美地区那样发达且免费的高速公路，高额的运输费用大大增加了物流成本。由于规模达不到一定的程度，市场价格不能完全下降。在中国，沃尔玛的价格并不比其竞争者低。

然而，尽管家乐福以灵活的本地策略战胜了沃尔玛，仍有许多人认为沃尔玛是中国零售业未来的发展方向。香港学者郎咸平认为，国内连锁企业将注意力过度地集中于通道费用的收取，将会导致全行业经营能力的退化。从长远来看，沃尔玛深入的品类管理技术、总部集中控制力量是国内零售企业急需建立的竞争能力。

但现在，沃尔玛在中国也在不断改变，希望赶上其法国的竞争对手。事实上，在家乐福开始与上海市协商建立第一家店之前，沃尔玛已经开始工作，但没有成功。由于它坚持把其中国结算中心放在深圳，致使此事一拖就是八年。

2003 年之后，在最新的商业规划中，上海市限制在内环线以内开设大卖场，这意味着在上海零售市场的争夺中，沃尔玛就此处于劣势。直到 2005 年 9 月沃尔玛在上海的第一家店才开业，位于浦东接近内环的位置。

沃尔玛统一结算，必然导致各地分店的税收流向深圳，这也是不少城市对沃尔玛进驻态度淡漠的原因之一。

在与供应商的关系上，沃尔玛似乎也面临窘境。曾有一家济南的经销商为了给沃尔玛供货，遵照其要求建了一个网站，但最终因为不能忍受沃尔玛提出的超低价格而放弃合作。相反，这家公司与家乐福的合作却一直保持着，因为家乐福并没有在价格上打压太狠，而是将折扣形式变成促销费、赠礼品等活动。

在商务部2006年上半年全国连锁三十强中，家乐福以79家店，销售额119亿元，排名第五。沃尔玛60家店销售额62亿元，排名十四。

现在，两大零售商正从一些盈利不高的国家撤出，重点转向中国市场。

“未来，两大零售商在中国的竞争会更激烈，”杨青松认为。

尹平　文

(2006年9月11日)

打造中国为可口可乐第一大市场

——访可口可乐公司中国区总裁戴嘉舜

2007年是可口可乐进入中国市场的第八十个年头。目前，中国是可口可乐继美国、墨西哥与巴西之后，全球的第四大市场。

可口可乐最近在上海开工建设了投资8000万美元的全球研发中心及全新的中国区总部大楼。这家世界上最大的饮料公司计划在中国加大销售基础设施与产品开发方面的投资力度，因为它认为中国将成为其全球最大的市场。

2007年4月就任可口可乐中国区总裁的戴嘉舜在接受采访时，谈了他对中国市场的目标与战略。

问：您作为中国地区的新任负责人，能否介绍一下可口可乐公司在中国市场的短期目标和远景？

答：公司对未来几年的目标是保持现有的强劲增长势头。中国非酒精饮料市场以年均14%~15%的速度增长，而我们希望可以凭借优于市场的平均表现，提高销售额，扩大市场份额。同时，公司也在计划拓展产品种类，向消费者提供更多的选择。

我们坚信，中国将成为可口可乐公司在全球最大的市场，虽然具体时间难以预计，但必然指日可待。我们的远景是，使中国发展成为可口可乐公司最大的市场。

问：未来几年、特别是未来两年间，您的工作重点是什么？最近您曾提及将对销售基础设施进行重大投资，能谈谈具体的计划吗？

答：是的。我们计划在未来几年中继续对销售设备领域进行投资。我们将继续大幅度增加中国各地市场上冷饮零售设备的数量。与此同时，我们的装瓶厂也在不断加大对卡车、分销设施及销售人员的投资。因此，随着乡镇与小型城市的不断开发，销售人员及零售基础设施的数量将大幅增加。当然，我们同样也将对公司（在中国）的研发中心进行投资。研发中心的研发人员会从现在的40人增加到约200人。同时，未来两年中公司将在产品研发方面进行大量投资。以上就是我们打算加大投资力度的一些主要领域。

问：可口可乐公司在美国进行了一些大规模收购，在中国也有类似的收购计划吗？近期法国食品饮料制造商达能与娃哈哈公司之间发生的纠纷，会对可口可乐在中国的收购计划产生影响吗？

答：对于并购计划而言，我们一直密切关注市场上的动向。中国市场上从事饮料业务的公司数量众多，国内非酒精饮料市场也非常庞大。但我们的有机增长仍然强劲。我们（在中国市场）的第二季度销售量增长了18%。就销售数量及有机增长率而言，这已经是很了不起的数字了。

如果这种增长趋势变缓，那时也许我们应该更加认真思考一下并购问题，观察市场上是否存在着这样的机会。当然，正如你提到的，我们也将关注达能与娃哈哈之间的事态发展动向。

问：如果要进行这样的收购，您会选择收购什么样的公司？瓶装商或本地饮料生产厂家是您的首选吗？

答：我认为，只需要做到对业界动态了然于心，而没有必要把收购目标指向任何特定的公司。目前，我们已经拥有优秀的合作伙伴，并且和中粮集团建立了稳固的协作关系。近期，公司还与中粮集团在江西省共同投资了一家新的瓶装厂。同时，太古集团也是我们的长期合作伙伴，与我们保持着非常良好的合作关系，所以在这方面无需做任何变更。

问：您认为公司在中国市场上所面临的主要挑战是什么？

答：当然会有很多的挑战。首先是如何对我们的投资步伐做出合理的估算。现在面临的挑战在于，我们的业务如何在未来三年、五年乃至十年当中继续保持增长势头，这需要一个正确的估计，进而知道在工厂、瓶装生产线、基础设施和人员等方面的投资规模是什么。

其次，这是一个竞争非常激烈的市场。大家都清楚中国是一个巨大的潜在市场，要成为赢家，就必须快速并主动地参与竞争。

第三，中国市场的变化步伐非常迅速。显而易见，如果一个公司不能赢得消费者、战胜竞争对手、拥有投放新产品的研发能力，一定会被甩在后面。因此，必须确保我们比对手跑得更快，否则就会落后。我认为，这些就是公司面临的主要挑战。

郑立飞　文

（2007 年 8 月 7 日）

超级链接

1. 中国——亚洲最大的市场

全球饮料巨头可口可乐预计公司2004年在中国的销售增长将超过16%，中国因此将在销量上超过日本成为其在亚洲最大的市场。

为了进一步扩张，可口可乐将在2004年夏天的促销活动结束后建立更多的瓶装厂。公司已经宣布要在中国开办三家新的瓶装厂。

可口可乐中国区公共事务总监李小筠女士透露，除此之外可口可乐还在寻找其他的新厂址。目前，甘肃省兰州市的工厂已经开工，该工厂投资1200万美元，到2004年年底就可以投产。李小筠称，公司投资1100万美元在重庆建立的工厂以及投资560万美元在广东省湛江建立的工厂不久后将开始动工。

可口可乐（中国）饮料有限公司副总裁兼市场总监张国华表示，可口可乐公司的夏季市场活动中包括一系列新的电视广告片。此次可口可乐把目标定位为中国的青少年，因为他们正在开始引领潮流和人们的生活方式。

可口可乐是中国碳酸饮料的第一品牌。第一季度的全国市场占有率为23%。与其联合品牌雪碧、其第二大品牌芬达，及本地品牌醒目加在一起，可口可乐公司占据了超过50%的市场份额，是其全球对手百事公司的两倍。

2004年夏天，非碳酸饮料，尤其是“即饮茶饮料”方面的竞争日趋白热化。

2004年6月，可口可乐在上海和杭州推出“茶研工坊”的新型茶饮料。这款饮料由香港影星梁朝伟与舒淇代言推广。这种茶饮料是可口可乐与雀巢合作生产的茶系列饮料的一部分。

2004年5月，百事与联合利华一起在广州市推出了立顿冰茶。百事和联合利华双方各占合资公司股份的50%，百事提供瓶装厂与销售网络，联合利华则提供其著名的茶品牌和配方。

目前，中国日益增长的瓶装茶饮料市场价值为100亿元(12亿美元)左右。其中“康师傅”和“统一”是市场上的主导品牌。

戴琰　文

(2004年6月22日)

2. 在中国创造历史

作为世界上最大的饮料厂商，可口可乐公司自从八十年前进入中国以来就一直在创造历史。“我们在中国的快速发展在可口可乐历史上都是极为罕见的。”可口可乐太平洋集团副总裁、可口可乐中国区前总裁包逸秋如是说。

可口可乐于1927年在上海建立了在中国的第一个瓶装厂。到1948年，上海已经成为可口可乐在美国以外的最大市场，年销售量突破100万箱。“由此可见，我们当时的同事们多么具有远见卓识。他们认定中国有朝一日将成为一个对于我们而言极其重要的市场，”包逸秋称。

1979年可口可乐重返中国市场，成为首批重返中国的跨国企业之一。包逸秋说：“从那时起我们的业务稳步发展，到上个世纪90年代，我们已经建立了十几个瓶装厂，我们迎来了业务发展的黄金时期，并为日后的发展奠定了基础。”

可口可乐在中国的销售量在过去五年中翻了一番。与此同时，可口可乐还通过拓展产品线来迎合消费者的多种口味，从而推动业务发展。包逸秋表示：“在这个巨大的、快速扩大的市场上，消费者的口味在不断变化，这是我们所面临的巨大挑战，我们要学会应对市场变化。”

公司提供的资料显示，可口可乐2007年第二季度在华销售量增长了18%，各个产品种类的销售量都在不断攀升。包逸秋称：“这个令人瞩目的成就进一步巩固了中国作为可口可乐公司强大的发展引擎的地位。我们相信，在未来几年中，这种强大的发展势头将继续下去。而且我们确信能看到各个产品种类都能得到快速发展，不仅仅是含汽饮料，不含汽饮料也会有不俗的表现。”

这家饮料巨头2007年7月份刚刚庆祝其进入中国市场八十周年纪念日。包逸秋相信可口可乐中国必将在未来迎来“更迅猛”的发展。

2005年，中国取代日本成为可口可乐公司全球第四大市场。在未来两年中，中国有望取代巴西成为第三大市场，可口可乐中国现任总裁戴嘉舜表示。他预计中国将在未来五年中取代墨西哥成为可口可乐的第二大市场。之后，只需“若干年时间”，中国就将超越墨西哥成为可口可乐公司最大的市场。

戴嘉舜透露说，在增加生产能力满足中国日益增长的需求以外，可口可乐还计划在销售基础设施方面加大投入并向市场推出更多的产品，公司还将在“销售网点不足的”地区增建更多的瓶装厂。2007年7月18日，可口可乐开工建设位于江西省南昌市的投资为一亿元的瓶装厂。这是可口可乐公司在中国的第30家装瓶厂。

可口可乐这家总部位于亚特兰大的世界饮料巨头还计划“斥巨资”完善其在中国的销售基础设施，比如扩招销售队伍、增加自动销售机等。

自从进入中国市场，可口可乐不断扩充产品线，除了公司主打的含汽饮料外，公司近年来还在市场上新推了果汁、茶、饮用水、咖啡、运动型饮料和其他产品。这家美国的饮料业巨人目前在华销售的产品多达50多种，并且表示将进一步扩展产品系列，以便“为客户提供更多的选择”。

“八十年前，谁都想象不到，中国有朝一日会成为我们在全球最重要的市场之一。”戴嘉舜表示，“现在我们正在这个21世纪活力十足、快速发展的市场上开展业务，而且我们有幸见证了中国经济的发展奇迹，并成为这个辉煌成就的一分子。”

郑立飞　文

（2007年8月10日）

神秘世界

——访香港迪士尼乐园执行副总裁
兼总经理
安明智

他们的目的显而易见：简体中文随处可见、内地食品随处可买。旅行社为游客量身定做旅行计划，就连五一黄金周的门票都是专门设计的。

香港迪士尼乐园执行副总裁兼总经理安明智（Bill Ernest）表示，乐园为了吸引内地游客，几乎做了所有能做的事情。乐园一改过去仅用英文表演各类戏剧的传统，专门为两个演出节目《米奇金奖音乐会》和《狮子王》提供中文字幕，方便内地游客了解剧情。除了全球乐园都能见到的可口可乐，游客还可以在香港的乐园喝到他们熟悉的蒙牛牌奶制品。在 2006 年 4 月下旬，公司与内蒙古蒙牛集团签署了主题乐园内奶制品提供的合作协议。

安明智表示他们正在积极寻找与其他内地企业合作的机会。“对于我们的游客而言，看到家乡来的熟悉品牌会感到很亲切。提供游客熟悉并喜欢的食物和饮料，可以让他们感觉更舒适，并很快将自己溶入主题乐园。比如说内地的游客就对乐园提供的面条、点心和烧烤食品颇感兴趣。”

内地游客对拍照情有独钟，于是迪士尼在“幻想世界”内设有五个拍照点，方便游客在任何时候与可爱的卡通人物合影留恋。“我们知道亚洲人，特别是中国内地的游客特别喜欢拍照，所以才这样做，这是香港的迪士尼乐园独有的。内地游客特别可爱，他们对乐园的景观和景点非常感兴趣，喜欢把它们都拍下来留念。”

针对内地游客，乐园推出了“加倍奇妙”促销活动，即到2006年9月前，凡通过旅行社预订香港迪士尼乐园门票的内地游客均可享有“加倍奇妙“的任何一项优惠，包括飞越太空山或小熊维尼历险之旅免费纪念照片、在餐厅享用主菜获买一送一优惠或获赠迪士尼特色纪念品。安明智提到另一个促销活动“双重奇妙”。这个活动可以让香港居民免费再次畅游乐园。“内地游客不能经常游览迪士尼，所以我们有其

他惊喜给他们。”

安明智说，自从2005年正式开园，越来越多的内地游客来此游玩，其中最主要的原因就是口碑营销，几乎所有的游客都会回去与他们的朋友分享迪士尼的奇妙经历。乐园的调查显示，85%~90%的游客对乐园的各项设施服务表示满意。

同时乐园给游客带来的是独特的体验。“我们在研究故事、设计服装、花车游行和开发主题产品上花了很多精力。我们希望游客进入园内就沉浸在童话世界里，”安明智说。“乐园提供百老汇风格的演出、迪士尼独有的景点、夜晚焰火秀，还有两家豪华的酒店，所以每一个来这里的家庭成员都能够找到他们喜欢的东西。”

2006年春节期间，乐园由于准备不足，导致园内人满为患，并有上百名持票游客无法入园。安明智说，在今年的五一黄金周期间，乐园深刻吸取教训，确保了游客的顺利游园。乐园针对4月30日~5月6日发售特殊的门票，保证高峰期入园人数不超过接待能力。

目前内地游客占整个接待游客的三分之一，香港本地占三分之一，剩下的则为东南亚等地的游客。

香港迪士尼乐园是华纳迪士尼公司与香港特别行政区政府合资成立的公司，拥有雇员5000人。特区政府预计该项目第一期在未来的四十年会给香港带来1480亿港币的收益。

先前有报道称上海市市长韩正已经确认上海正在筹建迪士尼主题乐园，目前正等待国务院的批复。香港迪士尼乐园对此拒绝评论。

姜晶晶　文

(2006年5月29日)

超级链接

1. 迪士尼与内地奶业巨头合作

内蒙古蒙牛乳业（集团）股份有限公司与香港迪士尼乐园在北京宣布结成联盟，蒙牛将成为指定牛奶供应商，为主题乐园、香港迪士尼乐园酒店及迪士尼好莱坞酒店提供奶产品。

蒙牛集团成立于1999年，是全球最大的液体奶供应商。而蒙牛产品将会为香港迪士尼乐园的游客带来焕然一新的感受。各种将在乐园出售的蒙牛产品包括蒙牛鲜奶、“爱喝”果汁乳饮料及专为小朋友设计的“未来星”儿童奶。

除了为乐园提供奶产品外，蒙牛集团还赞助了香港迪士尼乐园内的一些流动餐饮车。

香港迪士尼乐园执行副总裁兼总经理安明智表示：“乐园很荣幸能与蒙牛集团合作，让蒙牛成为乐园的指定牛奶赞助商及指定牛奶供应商。两个品牌都重视家庭观念。香港迪士尼乐园为亚太区的首选家庭旅游点，而蒙牛则每天为数千万个家庭提供健康的牛奶产品。”

内蒙古蒙牛乳业（集团）股份有限公司总裁杨文俊说：“此次合作为来自世界各地的游客提供了一个展示中国牛奶品质的窗口，推动民族乳业、开拓国际市场。”

目前，蒙牛乳业在全国15个省级行政区建立了20多座生产基地，开发的产品有液态奶、冰淇淋、奶粉及奶片等系列100多个品种。蒙牛乳业集团2005年的营业收入增长50.1%，达到108.25亿元人民币，纯利飙升43.7%。

安明智说：“蒙牛有着高品质产品和良好的品牌形象，与蒙牛集团合作对于迪士尼乐园是个很自然的选择。”他同时表示乐园正在寻求其他的内地合作伙伴。

姜晶晶　文

(2006年4月25日)

2. 新迪士尼乐园正等待政府批准

迪士尼官员表示他们与上海市政府领导就在上海建立迪士尼主题乐园的事宜进行了成功的会谈，目前公司将静候政府的批准。

华纳迪士尼集团主席乔治 · 米切尔（George Mitchell）说，公司与上海市领导进行了“长时间”的磋商，目前项目只等上海市政府和国务院的批准。“双方的谈判很成功，上海方面将全力说服中央政府官员。我们对这个项目非常感兴趣，希望可以与合作伙伴达成双方都满意的条款。”

乔治·米切尔的这番话是在出席欧华律师事务所（DLA Piper）在北京办公室的开幕仪式上对记者透露的。他本人也是这家律师事务所的主席。自从去年 9 月香港迪士尼乐园落成后，各方纷纷预测是否会在上海建立一个新的主题乐园。

乔治·米切尔表示上海和香港有各自的市场，在上海新建乐园对香港乐园的长期发展不会有不利的影响。他透露集团以及中国政府做了非常仔细地市场分析调查。“上海以及其周边地区有很大的消费群，在那里建造新的乐园不会影响香港的乐园。这正如我们可以在美国的加州和佛罗里达州拥有两座迪士尼乐园一样。我们期待上海和香港的乐园可以建立一个长期互利的友好合作关系。”

乔治·米切尔对香港迪士尼乐园的运作非常满意，但他同时也承认还存在一些问题。在 2006 年的春节长假期间，乐园由于预期不足，导致园内人满为患，并有上百名提前购票的游客无法入园。乔治·米切尔说：“类似的问题常常会在新建的乐园里发生，但我们会尽全力解决，同时多了解当地游客的需求。这里总要有一个适应的过程。”

先前的报道指出在上海的新乐园选址在浦东川沙地区。乔治·米切尔说他现在还无法给出整个项目的时间表。“当我们签署合同后会很快开工建设，但是在取得合同之前我们对项目的实施计划不便透露。”

Jamie Thomson 文

（2006 年 6 月 24 日）

存储为王

——访 EMC 董事长兼首席执行官
乔 · 图斯

三十年前，乔·图斯（Joseph Tucci）是美国海岸救卫队的一名成员。经过专业训练，他随时准备挽救任何身处危险的落水者。这样的背景与图斯后来的职业发展息息相关：后来他挽救了两家濒临破产的高科技公司。

1990 年图斯加入王安公司。1993 年，他担任公司董事会主席兼首席执行官。而当时由华人创建的王安公司已经破产。任职期间，图斯率领该公司从破产的困境中走出，成功实现公司转型，在 1999 年转售给了荷兰的 Getronicis 公司。

1999 年，图斯以首席运营官的身份加入易安信（EMC）。当时该公司是存储领域的绝对大腕。然而，短短一年后，EMC 开始陷入困境：随着网络泡沫时代结束，全球 IT 市场衰退，EMC 创业二十年来首次出现财政亏损。2001 年在最危险的时候，图斯被推到了风口浪尖上，他被任命为 EMC 公司总裁兼首席执行官，由此成为 EMC 历史上第三任 CEO。

图斯采取了“存储为王”的战略。将 EMC 重新定义为“唯一百分百专注于提供全面自动化网络存储解决方案的公司”。在他的领导下，EMC 重新取得了收入和利润的高速增长，并巩固了市场的领导地位。如今 EMC 是全球最大的数据存储和信息管理方案提供商。

图斯喜欢的就是这样的挑战，如海岸救卫队一样，他的乐趣就是设法让濒危公司获得重生。

而中国正是涅槃重生的重要一环。图斯领导过数家全球科技公司。在过去几年中，他每年都会访问中国两三次。他说：“在中国，EMC 大有作为，而且中国可以改变 EMC。”

市场咨询公司计世资讯预测 2005~2009 年期间，中国 IT 市场的复合增长率将达到 18.5%。整个 IT 市场的投资额将达到 2 万亿人民币，对数据存储和信息管理的需求巨大。对信息的爆炸性需求使数据存储和备份成为 IT 业利润最丰厚的市场之一。2006 年 6 月 23 日图斯宣布 EMC 在五年内将投资 5 亿美元，看中的就是中国这块市场。

对 EMC 来说，这项投资是具有历史意义的。2001~2005 年，EMC 在华投资仅为 1.5 亿美元。图斯表示 EMC 为这项 5 亿美元的巨额投资筹划了很长时间。一周之前，他还宣布 2010 年之前 EMC 将在印度也投入 5 亿美元。

但是在中国的投资更具有战略性。作为投资的一部分，EMC 将在上海建立一个研发中心。这将是该公司在中国的第一家研发机构。

EMC 在全球有 20 多家研发中心，在印度就有 4 家。作为十大价值最高的科技公司之一，EMC 目前正在向软件转型，2005 年该公司 37% 的收入来自于软件销售。与中国不同，印度已经是一个软件大国，拥有众多熟练的软件开发人员。而中国的软件产业才刚刚起步。此前EMC在中国主要与本地公司东软合作开展研发活动。而在上海成立研发中心是EMC在华本土化研发的重要一步。图斯相信，中国的软件产业拥有巨大的潜力。图斯透露EMC在华的5亿美元投资的大部分将用于研发。上海研发中心将雇用100名当地工程师，2008年这个数字将猛增至500名。

2005年年初EMC也开始了在中国的本地化生产。这一系列积极举措，包括本土化研发、生产以及巨额投资估计会对EMC在华业务产生重大影响。虽然EMC在全球存储业占据着霸主的地位，但是在中国EMC却落后于IBM。而且中国对全球销售的贡献依然不是很高。去年EMC亚太区的销售只占其全球97亿美元总收入的11%。

图斯希望在中国能够雇用更多的销售人员来销售EMC的产品和服务，并建立更多的解决方案中心和卓越中心，以及在关键研发项目上与本地大学机构合作，提高产品的支持能力。“我是一个单纯的人。我相信以人为本，”图斯说。

在中国EMC的客户主要是大型公司。但是，近年来中小型企业也慢慢开始购买存储硬件和软件。业内人士表示，EMC销售人员匮乏，一直依靠合作伙伴销售自己的产品，这在一定程度上削弱了EMC的竞争力。

目前EMC在中国也面临着激烈的竞争。日立存储已经表示，希望通过大力拓展服务中心和市场攻势能够拿到中国存储市场50%的市场份额。日立存储是日立公司和IBM的一家合资企业。

最近美国信息安全厂商赛门铁克以135亿美元收购了Veritas Software，一家专注于提供企业级数据存储和备份方案的公司。这一举动势必对全球及中国存储市场的竞争增加压力。

李卫涛　文

（2006年7月3日）

EMC的软件转型

——访EMC大中华区总裁
叶成辉

对大多数公司来说，每年都需要确定年销售额目标，然后努力去达到这些目标。制订目标在一定程度上也是鼓舞士气的一种途径。

但是叶成辉（Denis Yip）的目标却看起来高不可攀。这位EMC大中华区总裁希望公司在中国的软件收入在未来五年内每年翻一番。这意味着五年后年销售额与目前相比应该增长32倍。很多业内人士对此都表示不可思议，叶成辉却信心十足。

EMC在中国的软件销售起点比较低，这家美国存储巨头在中国的销售还主要来自于硬件。2006年夏天，从IBM跳槽至EMC的叶成辉也认为，EMC在中国软件市场开拓力度不够。叶成辉在IBM工作了15年，主要负责存储业务。2006年EMC全球112亿美元销售额中的54%来自于软件和服务。叶成辉没有给出中国的销售数字，但是表示软件的贡献率非常低。而在全球，EMC已经实现了从硬件向软件的成功转型，并且跻身于全球六大软件厂商之列。

与西方国家不同，中国的企业客户喜欢在硬件方面投入巨资，而在软件方面的投入却少之又少。叶成辉认为在这一点上东西方确实还存在巨大差距。但是中国市场在慢慢发生变化。“如果你看看微软和SAP在中国的快速增长，你就会知道本地企业客户的软件投入在增长。”

EMC已经开始从这种趋势中获益。去年EMC在中国的软件销售已经增长了一倍。这也促使叶成辉制定了一个雄心勃勃的五年计划，致力于将软件销售每年翻一番。叶成辉的最终目标是希望到2011年软件销售能够占到EMC中国总收入的三分之一。

叶成辉相信这个目标并不难实现。存储目前是IT行业增长最快的市场之一。在一个信息爆炸的年代，没有信息存储和管理，任何公司都无法存活。比如，海关官员必须将出入境者存照留档，银行必须存储客户资料以及电话录音。这些都需要昂贵的磁盘存储设备。

去年市场咨询公司IDC的一份白皮书显示，去年数字信息的存储量已经达到1610亿千兆。“信息爆炸的一个典型例子是电子邮件。一般来说一个2兆的邮件就需要1.2千兆的存储和备份”，叶成辉表示。

对EMC来说，存储不仅仅是服务器、磁带和磁盘上的存储。目前这家美国公司正在致力于将自己打造成一家提供信息管理的公司。叶成辉表示，现在信息是任何公司最具价值的资产，需要“保护、存储、利用和优化”。这意味着客户需要包括硬件和软件在内的一整套解决方案。

IDC预测数字信息在未来将增长6倍，在2010年达到9880亿千兆。中国的预测尚未出炉，但其整个IT市场增长率一般比美国等成熟市场要高30%。

叶成辉认为，EMC一半的机会将来自于中国的银行和金融业。目前，前四大银行中的三家已经采用了EMC的解决方案。电信和互联网公司也是大买家。市场调研公司易观国际预计，视频分享市场的快速增长在未来几年将大大促进对存储的需求。易观国际估计中国的存储市场在2010年将达到97.4亿元人民币，是2006的两倍。

为取得市场先机，叶成辉计划大幅增加软件销售人员。他已经决定为合作伙伴设立一项1500万美元的市场基金，一同拓展软件销售市场。EMC在中国有500多家合作伙伴，并计划在一两年内增加至2000家。今年，EMC将在中国设立4家办公室，五年内共开设20家，以服务更多的中小企业。

去年EMC董事长兼首席执行官乔·图斯宣布在中国五年内将投资5亿美元，为EMC在中国的发展奠定坚实的基础。图斯表示大部分投资将用于研发活动。EMC已经在上海设立了一家研发中心，雇用了135人。叶成辉估计，今年员工总数将达到500人，而且EMC计划在北京设立一个相似的研发机构。

这些研发投入将会帮助EMC为中国开发本土化产品和解决方案。但是，目前EMC面临的最大挑战仍然是本地客户对信息管理的重要性认识不足。

为此EMC计划今年夏天与本地大学合作提供相关课程。今年年底20家大学将加入此项目。2010年这个数字将增至50家。

李卫涛　文

（2007年4月9日）

爱立信：网络成长无限

——访爱立信首席执行官思文凯

对普通消费者来说，爱立信可能没有摩托罗拉和诺基亚等消费品牌那么有名。但是，这家瑞典公司确是通信设备市场的佼佼者，而且这个市场的利润远比手机市场大得多。

但是过去几个月，通信设备市场发生了剧烈的变化。朗讯与阿尔卡特合并，诺基亚与西门子的网络业务合为一体，而这些在一定程度上受到了爱立信收购马可尼公司的影响。不断发生的行业兼并势必对爱立信产生一些压力。对其首席执行官思文凯（Carl-Henric Svanberg）来说，扩大市场份额未必是一件容易的事情。

然而，在采访中，思文凯却坚定地表示，虽然面临阿尔卡特 - 朗讯和诺基亚 - 西门子的竞争，但无论在全球还是中国，爱立信必定会牢牢控制通信设备市场的领先地位。这是因为爱立信自从分拆其手机业务与索尼成立合资公司后，更专注于通信设备市场，而且在这一领域的投资远远超出其竞争对手。

阿尔卡特、朗讯、诺基亚、西门子目前正在忙于整合各自的业务。

这可能会给爱立信提供一个绝好的机会来扩大市场份额。思文凯表示，网络业务依然是爱立信未来业务增长的关键。但是，爱立信目前也开始关注具有巨大潜力的专业服务和多媒体业务。

爱立信目前是全球最大的电信设备提供商，而同时也是全球最大的电信专业服务提供商。业务涵盖网络设计、规划、优化、软件开发和网络托管服务。

2006年第三季度，爱立信来自于专业服务的收入与上一年相比猛增了31%。包括移动电视在内的多媒体业务近年来增长也很迅猛。思文凯表示，多媒体将成为未来全球电信市场增长的一个主力。为了更好地适应这一市场变化，爱立信最近重组了其全球业务，并成立了多

媒体这一新业务部门。中国业务的重组也在同时进行。思文凯说，爱立信对一些领域，如多媒体市场进行收购感兴趣，而中国市场也在收购的版图之内。

爱立信是中国第二代移动通信市场的领导者。思文凯表示，爱立信在未来将会继续保持在中国第三代移动通信市场上的领导地位，甚至扩大。

以下是2006年在日本的一次技术峰会后，思文凯与记者的对话。

问：您曾经表示过，如有需要爱立信将继续寻求并购机会。并购的方向是什么？爱立信刚刚重组了全球业务，并成立了多媒体这一新业务部门。这是不是意味着并购很可能会集中在这一领域？随着全球通信市场的进一步整合，爱立信是否也会考虑收购中国的一些公司？

答：首先，对于收购来说永远都有一个整合业务的问题。所以，如果你能够实现内部增长而且独立承担研发业务，那是再好不过了。但是另一方面，如果你收购一家公司，你就有超越自己的机会，可以更快地成长。而这种优势要远远大于监管的风险。

在移动基础设施市场上，我们具备了完整的产品线和能力。所以，在这一领域不太可能进行收购。在IP技术方面，下一代网络正在不断融合。在这一方面我们具有很强的能力，但是我们也在研究是否能够通过收购进一步加快我们的业务增长。

我相信在多媒体市场，如果能找到合适的收购对象，我们也可以大幅度加快业务增长。同时在专业服务市场上，收购将帮助我们获取更多技能，特别是在系统集成方面。

总体来说，收购在任何地方都有可能发生。而中国市场总是有令人兴奋的机会。

问：广东是中国最大的移动通信市场，长期由爱立信占据，而诺基亚最近在广东获得了一个重要的网络合同，取得了一个重大突破。在一系列行业并购后，您如何看待爱立信的竞争力？

答：如果你长期关注爱立信的收入，你会发现每个季度总会有波动。

但是总体上来说，我们的收入非常稳定，增长势头良好。所以，我们很好地保卫了自己的市场地位。在中国一些省份，我们的市场地位比任何竞争对手都要大得多。

我们在中国开展业务已经有了114年了，拥有三分之一的市场份额，应该是市场上最强的。我看不出这一地位发生了什么变化。我相信我们的竞争对手将会从兼并中获益。但是同时，在他们的整合中我们也得到了反击的机会。

问：您对爱立信中国业务的发展有什么期望？在中国市场的长期目标是什么？

答：我们估计我们拥有中国GSM市场的33%~35%。我们的目标是，在中国迈向第三代移动通信的时候，保持这一市场份额。当然，目前尚不知道中国政府何时会发放3G（第三代移动通信）牌照，但是我们相信爱立信会占据最大的市场份额。

当然，我们也知道与2G市场相比，中国厂商在3G市场上将攫取更大的市场份额。但是同时，许多国际厂商正在放弃3G市场。我们将力争保持我们的领导地位。

李卫涛　文

（2006年11月28日）

长征

——对话爱立信大中华区总裁马志鸿

第三代移动通信（3G）在中国一直是一个津津乐道的话题。基于中国庞大的移动电话用户群，只要进入 3G，对各个设备厂商来说都是巨大的机会。

但是前景虽然美好，许多厂商却发现自己正在日益陷入泥沼：中国政府迟迟不发放 3G 牌照，而运营商甚至削减在第二代移动通信设备上的投资，这对设备厂商来说无疑是雪上加霜。而同时厂商日益增多，订单却不断减少。甚至全球最大的移动通信设备提供商爱立信也感受了些许寒意。爱立信大中华区总裁马志鸿（Mats H Olsson）表示，爱立信 2004 年在中国的销售几乎没有增长。

但是即使在这种黯淡的市场中，无论是在全球还是在中国，爱立信的表现依然是最靓丽的。2004 年爱立信在广东省赢得了一份超过 8 亿美元的订单，为广东移动的网络扩容提供设备。2005 年 10 月爱立信也赢得了另外一份近 3 亿美元的合同。同时爱立信也正在从包括咨询在内的专业服务中获取巨大的收入。

而与此形成鲜明对比的是，许多其他厂商都举步维艰。过去几个月，他们很少宣布新的合同，大订单更是少之又少。

马志鸿认为，爱立信采取的长期策略正在帮助这家瑞典公司渡过难关。客户的支出在锐减，但是爱立信的投入不会减少。早在2000年爱立信就宣布在2005前将会把在中国的研发投入增加一倍。马志鸿表示，爱立信已经实现97%的承诺，但是这还不够。他说："我希望能够达到100%，甚至更高。"

爱立信在中国的投资往往着眼于长远计划。2005年9月份爱立信又宣布未来五年内将在中国追加10亿美元的新投资。这一庞大的投资计划与行业的不景气形成了鲜明对比。2000~2004年，爱立信每年在中国的研发投入都增长了30%。马志鸿说："对此我们感到非常自豪。我们计划今年将研发人员的总数增加50%。"

增加研发人手不是一件容易的事情。这需要公司在培训方面投入巨资。而在这一点上爱立信做到了。这家通信巨头对中国贫困地区的拓展，也证明了其一贯秉持的长期战略。最近，爱立信在贵阳市开设了代表处。这是国际电信巨头在该地设立的第一个代表处。而贵州是中国最贫穷的地区之一。

马志鸿表示，爱立信在中国任何一个地区一旦建立业务关系，就不会弃之而去。相比之下，许多其他厂商事实上发现机会就快速进入。在挖掘完潜力后，就迅速撤离。在这一点上"爱立信与竞争对手有巨大的差别"。而未来五年10亿美元的投资中大部分会投向中国的贫困地区。

押注3G

由于爱立信在中国拥有第二代移动通信市场的最大份额，所以未来一旦3G启动，其主导地位将会进一步增强。虽然中国政府一直在推迟3G牌照的发放，但马志鸿相信，迈向3G是运营商不可逆转的趋势。

他同时表示，关于3G技术是否成熟以及关于技术标准选择的争论使3G牌照的发放过于戏剧化。“当第二代移动通信出现的时候，很少有争论。3G作为一项新技术应该在合适的时候引入中国。”

一些争论还停留在中国是不是应该发放3G牌照上。一些人士建议中国不要发放3G牌照，因为它的前景也不是那么乐观。“这是很不好的建议。现在的问题应该是何时发放、怎样发放，而不是应不应该发放。”马志鸿还表示，目前运营商的支出缩减应该是暂时的，而3G合同的金额将会是巨大的。

而且即使是在向3G时代的过渡中，运营商也会继续对其二代网络扩容，这也会给爱立信提供机会。爱立信占有中国GSM/GPRS市场的35%，以及CDMA市场的15%。

在2G时代，爱立信与中国移动和中国联通已经建立了牢固的业务关系，为3G时代打下了良好的基础。同时，爱立信与固网运营商中国电信和中国网通的联系也很紧密。业内广泛认为，中国电信和中国网通将会获得移动电话牌照，成为全业务运营商。

爱立信已经以21亿美元收购了英国的马可尼公司。马可尼专注于固定电话网络市场。该收购将使爱立信的产品线更加完整，而且使它的产品对中国电信和中国网通的吸引力更大。

3G牌照的发放将会重新改写中国电信市场的竞争格局。对爱立信来说这不仅意味着3G订单，而且意味着新的客户。

本地化

爱立信在中国的历史可以追溯到1892年。这一悠久的历史使爱立信可以更好地理解当地市场。

目前中国是爱立信全球三大供应基地之一，也是其重要的研发基地之一。中国是爱立信最大的单一市场，名列美国之后。目前，爱立信中国97%的员工是本地人。很多跨国电信公司的中国区高管的职位都已经由当地人担任。马志鸿虽然是一位外国人，但是熟稔中国市场。“与我的瑞典同事相比，我更了解中国。从思维方式上来说，我很中国化，至少很亚洲化。”自从23年前加入爱立信后，马志鸿大部分时间的生活和工作都在亚洲。“我的优势是我来自瑞典总部的最高管理层。在那里我有广泛的人脉来保证总部能够对中国市场的变化进行快速的反应。”同时他曾经在许多国家工作过，具有丰富的管理经验。

虽然许多跨国公司开始雇用本地人担任其中国业务的主管，但是很多当地人缺乏海外工作经历。在这种情况下，他们很难理解外国的文化，这也是为什么很多中国公司在开拓海外市场时屡屡碰壁的原因。“你会发现你很难在很多国家同时开展业务，”马志鸿补充道。

瑞典人坚韧的性格是爱立信企业文化的一部分。这也将帮助爱立信度过电信市场最困难的时期。“我们不会因为销售数字未达到预期目标而改变策略，或者仅仅因为某个季度在中国的销售不够理想而改变我们的长期战略。瑞典是一个寒冷的国度，但我们有很温暖的文化。我们珍视客户，并给他们带来价值，而不是仅仅向他们销售产品，”马志鸿说。

李卫涛　文

（2005年11月21日）

超级链接

向西部进发

2006年当爱立信在巴塞罗那的一次电信展览上展示新开发的一种小型无线基站的时候，这家来自瑞典的移动通信巨头发现市场的反映远远超出了预期。

这个在中国开发的名为火烈鸟的基站是世界上最先进的和最小的GSM第二代无线通信基站。基站是一种负责手机与网络之间通信的设备。在那次全球通信业的盛会——3GSM世界大会上，参观者对此表现出了极大的兴趣。爱立信在全球的所有制造厂继而开始生产这种基站。爱立信大中华区总裁马志鸿（Mats H Olsson）说："其实，这并不是我们最初的计划。"

由于市场的强劲需求，爱立信在短短几个月已经售出上万台这样的基站。该基站是由爱立信位于四川省成都市的一个研发中心开发的。

过去几年许多跨国公司开始将研发转到中国，特别是北京和上海，但成都一般不在他们的视野之内。马志鸿说，爱立信在中国大约有10家研发中心，而成都是唯一一个"百分之一百"雇用中国人的研发中心。

对爱立信来说，火烈鸟基站的开发可能对其保持全球移动通信设备市场头把交椅至关重要。火烈鸟不仅在技术上先进，而且体积很小。目前运营商在安装基站的时候一般都需要租赁空间，成本较高。而小型基站可以节省成本。

2004年12月中国通信设备提供商华为在荷兰赢得了一份3G WCDMA合同，负责在荷兰铺设一个全国性的3G网络。华为开发的一个小型基站是其击败众多国际厂商的主要原因。华为声称这个小型基站帮助运营商节省了将近30%的总体拥有成本。

目前，全球很多运营商都在将他们的电话网络升级为3G网络。为了保证所谓的平稳升级，一般2G和3G基站在相当长的时间内都会共存。这意味着体积很重要。爱立信成都研发中心的总经理刘路非常以此为豪。她说："小型基站对运营商来说吸引力很大。"

但是马志鸿看到的是爱立信制订的"到西部去"的战略正在开花结果。爱立信早在1995年就在成都设立了代表处，并于2004年6月成立了研发中心。五年前爱立信选择成都建立了自己的西部总部。火烈鸟的巨大成功给了爱立信很大信心。马志鸿说，爱立信计划年内将成都研发中心的投资和人员分别增加25%和30%。

"成都研发中心人员的增加将高于全国的平均水平，"马志鸿说。90年代中国制定了开发大西部的政策。但是由于落后的基础设施，大公司特别是跨国公司并没有像政府期望的那样涌向西部。但是，当爱立信在成都开设研发中心后，其竞争对手包括诺基亚、阿尔卡特和西门子都争先恐后，相继在该地成立了研发中心。

"我们很高兴领先了一步，"马志鸿说。他表示越来越多的跨国公司将会把研发从中国东部迁往西部。对初次在中国建立研发中心的跨国公司来说，大城市如"北京和上海一般是第一选择"。爱立信的第一个研发中心就位于上海。"但是我们现在变聪明了。我个人认为与北京和上海相比，成都不相上下，"马志鸿说。

在成都这样的城市，人力资本低廉。成都电子科技大学和众多政府的电子科研机构都位于成都，为成都提供了巨大的人力储备。

马志鸿看到的却不仅仅是人力成本。在成都他可以经常会晤当地的高级官员，提高工作效率。"可我想不起来在北京和上海最近与什么高级官员碰过面，"他说。地方政府的大力支持往往可以让跨国公司在拓展研发活动中取得事半功倍的效果。而大城市的官僚主义往往使审批程序非常冗长。

成都是中国西南的门户。当地政府在吸引海外投资方面不遗余力。四川投资促进局局长焦伟侠说，目前世界500强中的120家公司已经在成都成立了代表处。在中国的官场文化中，官员一般很少在名片上留手机号码。但是“对我和我的同事来说，不留手机号码是不可能的，你任何时候都可以找到我，”焦局长说。

2002年当爱立信计划加大在成都的研发活动时，四川省副省长黄小祥提出了一个建议：当地的公司能否加入到爱立信的采购活动中去？于是位于四川的中光高科技产业发展集团进入了爱立信的视野。该公司为爱立信开发了八款产品，有五款已经实现了大规模供货。一款产品最近送到爱立信瑞典总部后，甚至击败并取代了一家法国供应商的产品。而这家法国公司长期以来都是爱立信的供应商。刘路（爱立信成都研发中心的总经理）说这意味着“重大突破”。中光的这款产品以后将会被爱立信所有全球研发中心采用，包括美国、德国、法国和瑞典。

2006年，爱立信通过其成都研发中心在中国的间接采购额达到了8600万人民币。爱立信大中华区执行副总裁兼西部总经理葛润凯（Graeme McCusker）说，这个数字在今年将达到7亿人民币。

成都不是爱立信西部版图上的唯一城市。2005年9月爱立信在贵州省省会贵阳市成立了一个代表处，成为在该地设立代表处的第一家跨国电信公司。马志鸿本人在该决策过程中扮演了重要角色。他说：“从市场角度看，贵州没有多少吸引力。当地运营商在通信基础设施方面的投资不是很大。”但是从长远来看，西部具有巨大潜力。中国运营商越来越重视西藏和内蒙古这样的新兴市场。大城市移动电话普及率已经很高，但是在西部还有非常大的潜力。

葛润凯认为运营商的商业模式“每天都在变化”，而目前，爱立信在西部的拓展正与运营商的策略变化正相得益彰。

李卫涛　文

（2007年6月18日）

优秀人才的制约与挑战

——访安永全球主席兼首席执行官
詹姆斯·特黎

现代市场经济有其自身的评价和平衡机制。投资者的热情被激发起来之后，对于金融服务诚信度和专业水平的要求就会相应提高。

来自发达国家的企业继续在中国开展新项目，同时中国企业也已开始寻找新的海外资产。对于世界上最大的会计和咨询机构之一的安永来说，这些都意味着业务发展的机会。面对不断增长的金融咨询服务需求，该公司正在计划大幅提高公司在中国市场的影响。

安永全球主席兼首席执行官詹姆斯·特黎 (James S Turley) 表示，公司在中国发展的唯一限制因素是获取优秀人才。安永在中国已有8000 名员工，但詹姆斯·特黎称，他希望能将员工队伍扩大到 20000 名的水平，这意味着每年要招聘超过 1500 名员工。

他表示，他甚至考虑过从美国、马来西亚、新加坡、菲律宾和其他国家调拨能够讲普通话的会计人员，来弥补其在中国的人力资源短缺。这并不是一个已确定的目标，但有明显的迹象表明该公司正在朝这一方向快速发展。

仅在北京，安永就拥有超过 2031 名员工，在位于香港的安永中国总部员工人数超过2000人，在上海约有2282人。安永已在中国设立了十个办事处。詹姆斯·特黎仍希望在中国大陆更多的地区，特别是内陆地区设立新的办事处。目前，在工业化程度较高的中国东部沿海地区以外，安永中国只拥有两家办事处，分别位于华中湖北省的武汉和西南地区四川省的成都。

詹姆斯·特黎称，公司通过知识管理计划来应对快速增长的市场需求和人力资源扩张。尽管公司坚定地致力于投资员工队伍，以发挥他们的潜力，但是该计划的重点也不仅局限于内部培训；安永还拥有一系列网上和其他培训计划，内容涉及专业知识技能、英语等诸多领域。

此类计划着重于使安永成为一家以知识为本的全球专业服务领域的领先者。在中国进行的知识管理计划，旨在提高中国作为一个发展中国家在公司治理和财务管理方面的水平，并加强安永与政府和其他企业之间的关系。詹姆斯·特黎称，那将意味着建立一个能给各方带来利益的商业环境，使中国能更好地采用例如国际财务报告准则（IFRS）等全球性商业实务。国际财务报告准则是一套会计准则，用于规定在财务报告中反映各类具体交易和其他活动的方法。全世界有很多上市公司都在采用国际财务报告准则。

安永业务的迅速发展日益依赖于客户对其专业能力的认知和认同。这里说到的客户当然是指企业的管理者们，但在中国，也常常包括主管经济部门的政府官员。安永还经常从美国、欧洲、澳大利亚和亚洲的其他国家调来专业人员，与中国的客户分享他们的经验和理念。

詹姆斯·特黎称，令安永感到特别骄傲的是成功地与中央政府的多个金融管理部门共同合作的公司治理项目。因此，他非常熟悉来自中国人民银行、中国国有资产监督管理委员会和中国证券监督管理委员会的官员。

詹姆斯·特黎谈到，“中国在发展”。通过与政府官员和企业管理者的交谈，他确信中国会坚定地采用国际财务报告准则，并将产生积极的效果。

政府试图减少银行的不良贷款，并致力解决A股市场中的流通股和非流通股问题。这些都表明中国政府不想掩盖问题，而是愿意倾听来自专家的意见。詹姆斯·特黎说："只要人们愿意把问题摆到桌面上，结果就会是积极的。"

他表示，尽管受到优秀人才短缺的限制，安永在中国的业务始终在迅速发展。事实上中国是安永最主要的业务增长源之一。

中国员工可能在英语能力上存在不足，但安永在中国和印度的新员工在整体素质方面并无明显差异。詹姆斯·特黎说："这两个发展中国家共有的优点之一是其出色的教育体系。"

安永在全球拥有114000名员工，在截止于2006年6月30日的财务年度中，安永全球收入达到184亿美元，与上年相比增长了15亿美元，以当地货币计算，年增长率为10%。

安永在中国和印度等几个它认为具有战略性投资意义的成长中市场取得了令人满意的业绩，在作为重要市场的"金砖四国"——巴西、俄罗斯、印度和中国，收入增长都达到了至少25%。

张晓刚　文

（2007年9月）

安永注重“以人为本”

——访安永中国区新任主席
孙德基

安永中国区新任主席孙德基全面推行“以人为本”理念的时机或许已经成熟。尽管面对着需要引入更多优秀人才的挑战，这位安永新任主席对于这一理念将在中国得到很好的贯彻落实充满信心。

作为安永远东及中国区主席兼首席合伙人，新当选的孙德基目前面临的是缺乏充足的合格人才以应对这家会计师事务所在中国迅速增长的服务需求。这是他上任时所面临的最具挑战性的考验。事实上，这可能是2006年以来整个专业服务行业所面临的最大发展障碍。

中国经济的持续增长，对解决复杂的会计、税务和法律问题等大量专业服务产生了巨大需求，尤其是对熟悉国内和国际法规的专业人士的需求。专业人士经验不足这一问题一直困扰着安永等大型专业服务机构。

孙德基说：“美国有35万名注册会计师；按美国3亿人口计算，每1000人中有一名注册会计师。而中国有大约13万名注册会计师，这意味着平均每1万人中才有一名注册会计师。”

即使是再过十年，中国注册会计师在总人口中所占的比例可能仍无法达到美国的水平。然而，随着中国经济的持续发展，对具有专业资格的注册会计师的需求将十分可观。孙德基指出："只有拥有足够的合格人才，公司才能提供最优质的服务，保持业务持续增长。"

人才、质量和增长是安永发展为全球专业服务领先者这一目标的三大支柱，但孙德基认为人才是其中最重要的基石。这也是四大国际专业会计事务所在中国竞相掀起招募大战的原因所在。

2004 年，毕马威从中国的各大院校招募了 400 名应届毕业生。2005 年，普华永道和安永在中国招募了 1000 名员工。未来五年中，普华永道和德勤均计划在中国招募大约 10000 名新员工，安永也有类似的招募计划。

2007 年 4 月，安永刚在四川省成都市设立了第十个办事处。在选址时，附近是否有能够为其提供优秀毕业生的顶级大专院校已经成为考虑的主要标准之一。孙德基相信，应届毕业生精力充沛并渴望学习新的知识，从而可塑性更强。基于这一理念，毕业生的专业并不是招聘时的主要考虑因素。综合能力和学习能力才是知识密集型行业关注的主要因素。

安永的招聘程序非常严格。首先，根据专业、英语水平、职业资格和学习成绩对学生进行筛选。然后，入选的候选人将进行笔试。接下来，通过测试的应聘者将受邀与安永相关部门的经理面谈，最后的入围者接受合伙人的面试。

应聘者应该在有限的时间里尽量展现其沟通与领导能力、分析问题的能力、以及与他人合作的能力，从而在面试中留下良好的印象。安永非常看重"诚信"，将其视为员工的一个非常重要的素质。除此以外，也非常重视精益求精与一丝不苟的工作态度。

"不过，一个人可能需要历经数年才能成为一个合格的专业人士，"孙德基说。他是这样定义"人才"的：人才是那些从工作中获得丰富经验、懂得好与坏结果的差异并熟悉管理方法的人。他还补充说，这些技能只有在工作中才能学到。

实际上安永已启动了从入职培训、晋升前培训、管理技能培训，直至海外交流计划等一系列针对不同层次员工的在职培训计划，以使员工获得更多的知识与技能。

同时，想成为专业人员也并非易事。繁重的，甚至超负荷的工作常常使员工无暇备考注册会计师。工作压力大和加班频繁导致许多员工选择了离开。“业务旺季加班是极为频繁的，有时甚至会一天工作18个小时。”安永的一位员工如是说。

针对这一状况，孙德基希望项目经理们能够对不合理的期限要求说不，以便员工有更多的时间准备考试。“工作不是百米冲刺，而是一场马拉松比赛，员工应该保存体力，才能在这场终身马拉松比赛中获胜。”但即使是孙德基本人，在其职业生涯初期也是从繁重的工作与无尽的加班之中走过来的。

孙德基认为，企业文化对于管理公司至关重要。他相信若想留住人才，良好的企业文化比加薪更为有效。孙德基拥有三十年的专业服务经验，并且他将其企业文化理论亦应用于解决公司治理问题。

“公司治理是个全球普遍存在的问题。即便是在美国这样高度发达的市场，依然会出现安然事件这样的财务丑闻。”孙德基表示，“在中国，高管们的薪水相对较低，因此出现此类财务丑闻的几率更是上升一倍。当然可以制订一些规章制度或者一些专业性指引方针，而且在发展中国家制定相关规定也的确是必要的。但是中国证监会与国资委等监管机构在这方面也只能做到如此，“公司自身还需要营造一个良好的企业文化来吸引人才。”

在中国，为数不多的高管认识到他们的任务是为投资者服务而不是为自己服务这一道理。只有建立起自上而下的服务文化，以及一个高透明度的财务信息披露体系，公司治理状况才能得以改善。

在未来一年中，在孙德基的领导下，安永将继续为中国工商银行、中国国航、中国平安、中国人民保险、东风汽车，以及宝钢等大型国有企业客户提供服务。此外，安永还将帮助私有企业在公司治理方面取得更为健全、良好的发展，并为其提供中国加入WTO相关专题的培训服务。

在业余时间里，孙德基喜欢长跑。他相信体育锻炼不仅锻炼的是体格，也锻炼了头脑，有助于自己培养耐力与坚强的意志。

到2006年接替其前任胡定旭成为安永中国区主席，孙德基先生已经在安永工作了二十九年。他是安永审计部主席，安永中国大陆与香港管理委员会成员，以及安永全球审计服务执行委员会成员。他为香港财务行业及香港社会做出了积极贡献。他是香港会计师公会理事及前会长，也是美国会计师公会及伊利诺伊注册会计师协会成员。

张冉　文

（2007年9月）

超级链接

十一位优秀企业家荣膺安永企业家奖

安永在2007年2月2日于北京举行的安永中国企业家奖颁奖典礼上宣布了11名获奖者的名单。这一奖项被誉为全球商界的“奥斯卡奖”，并首次在中国举办。

安永中国区主席孙德基表示：“中国崛起、成长为全球经济的发动机是当代具有划时代意义的重大事件之一。众多的中国企业家向世界展现了他们的能力、领导才能和取得的成就。由独立评审团选出的11名获奖者充分表明，越来越多的中国企业家正在为中国经济增长和国家繁荣做出巨大贡献。”

安永企业家奖得主来自媒体、科技、零售和工商业四个行业领域，包括凤凰卫视股份有限公司董事局主席兼行政总裁刘长乐、中星微电子公司董事长邓中翰，以及分众传媒（中国）股份有限公司首席执行官江南春等。奖项的提名工作于2006年9月启动，对提名人根据下述方面进行评估，即：企业家精神、公司财务业绩、战略方向、国内外影响、创新精神、个人诚信和影响力。

安永中国区运营委员会主席胡展云表示，“我们希望表彰那些拥有强烈的探索欲、顽强毅力、大胆梦想和个人诚信，激励他人共同实现梦想的企业领导者。我们会把安永企业家奖的评选在中国长期开展下去。”

安永企业家奖于二十年前在美国举办，迄今已扩展至逾35个国家和地区。

陆浩婷　文

(2007年2月3日)

向中国管理哲学看齐

——访富士通株式会社会长
秋草直之

秋草直之是一位日本人，但是他对《孙子兵法》和毛泽东著作特别着迷。原因很简单：在《孙子兵法》和毛泽东著作中，秋草直之可以找到经营公司的智慧。

这似乎一点不假。当 2003 年秋草直之成为富士通株式会社会长时，公司形势严峻。这家仅次于 IBM 和 EDS 的全球最大的信息技术服务提供商，在 2002 财年赤字为 1220 亿日元（约合人民币 81 亿元）。但是在秋草直之的领导下，业务迅速出现了转机，而其中国业务取得了平均每年 27% 的增长。

秋草直之说，这些成功部分来自于他从《孙子兵法》和毛泽东的著作中获得的灵感。在 2005 年，IBM 的服务业务取得了 470 亿美元的收入，似乎无可匹敌。但是秋草直之从毛泽东那里学到了游击战略，并成功地运用在商业中。他研究对手的短处，各个击破，从 IBM 手中夺取了不少订单。

《孙子兵法》讲究“知己知彼，百战百胜”。秋草直之从中获得启发，每天花费大量时间研究竞争对手。

与传统的日本企业家不同，秋草直之向来心直口快，从不掩饰对美国企业管理文化的不屑。他说美国的企业管理大多建立在MBA课程、书本和销售数字上，在很多情况下往往不灵。

2000年，当互联网泡沫破灭的时候，秋草直之负责富士通在美国的半导体业务。当时由于很多科技公司陷入困境，富士通的订单急剧减少，似乎难以为继。在这种情况下，无论是在富士通内部还是外部都出现了要求关闭富士通半导体业务的声音。

但是秋草直之坚决反对，后来半导体业务被保留。如今，它已经是整个富士通业务的主要引擎。这段经历给了秋草直之很大启发。他认为美国的企业管理往往建立在销售数字上，容易引起短视。公司管理人在分析师、投资者的压力下，为了保持短期销售数字的增长，容易采取一些猛药。但从长远来看，往往无济于事。而东方，特别是中国的哲学以及管理文化更强调从长计议，更符合公司长远发展的需要。

重造富士通

自从秋草直之成为富士通的掌门人后，他就一直在努力重塑企业文化，给这家已经有72年历史的公司注入新的血液。而这一点在急剧变化的中国市场尤为重要。

2006年6月，富士通推出了一个总负责制的计划，将全球业务划分为四个区域市场，而中国成为了唯一一个仅包括一个国家的区域市场。公司的区域负责人被赋予了更大的职权，他们都是董事会成员，而且有充分的权力重组各自分管的地区业务。这与日本企业的集中式管理大相径庭，以往大多数日本企业地区业务的决定权往往在日本总部。

富士通中国有限公司总裁武田春仁就是其中的一个。在总部的支持下，他成功地重组了富士通在中国的39家子公司和合资企业，整合了实力，提高了整体竞争力。

秋草直之说，富士通对其中国业务的目标非常明确，就是要保持快速的扩张。而要达到这个目标，就需要中国业务的管理层有充分的决定权。

以往很多日本公司的高层不了解中国市场的详情，坐在日本的办公室里做出针对中国市场的决策。在日本公司刚刚进入中国市场的时候，由于竞争对手非常少，所以这种做法并没有出现很大的问题。但是随着市场的变化，这种思维和运作方式需要改变。秋草直之认为，决策需要更多地考虑当地市场的实际情况，而且需要更多地和本土企业携手，不断适应当地的产业政策和环境。

最近很多日本企业包括松下、三菱和NEC都退出了中国的手机市场。业内人士认为主要原因是他们决策缓慢，不能适应中国市场的激烈竞争。秋草直之表示，科技行业日新月异，尤其需要快速决策，传统的日本经营理念和智慧已经有些过时了。

经过整合后的富士通在中国的39家子公司和合资企业都运行良好。而以前这些企业都向各自所在的日本业务总部汇报，之间没有多少交流，这大大削弱了富士通的整体竞争力。

富士通在中国的整合，主要目的就是要改变这种状况。富士通于1997年在江苏省南通市与当地企业合资兴办了南通富士通微电子。作为整合中国半导体业务的一部分，2003年年底富士通在上海成立了富士通微电子（上海）有限公司。该公司统筹富士通在华的半导体设计、开发及销售业务。这些整合措施已经奏效，大大促进了半导体业务。

例如，2006年南通富士通微电子利润达到1亿人民币，与上一年相比增长了80%，是39家子公司和合资公司中国业务表现最出色的。而富士通位于福建省的一家软件集成企业也得益于中国业务的整合，收入已经大大提高。

随着中国业务的不断整合，秋草直之期待更多措施开花结果。

李卫涛　文

(2007年1月30日)

押注中国

——访富士通中国总经理
武田春仁

实事求是是中国共产党的重要理论法宝，但它也是富士通中国总经理武田春仁和其他公司高层领导的口头禅。

日本公司在华的经营理念一直受到批评。他们往往决策过慢，无法适应中国这一全球发展最快的市场的变化。但是武田春仁认为坚持实事求是的原则使富士通中国脱颖而出，成为日企在华经营的典范。富士通在华建立的合资企业南通富士通微电子就是一个很好的写照。南通富士通微电子成立于1997年，位于江苏省南通市，主要业务是半导体的封装和测试。其中富士通持有大约39%的股份。当时该合资企业只有两家客户即富士通及其战略伙伴西门子。

如今，全球前十大半导体厂商中的九家都是南通富士通微电子的客户。而这家合资企业已经成长为中国最大的国内芯片封装测试公司。2006年南通富士通微电子封装了34.6亿片芯片，收入达到21.8亿人民币。而1998年芯片只有1.81亿片，收入仅为9980万元人民币。

武田春仁说："当日本企业初次进入中国的时候，它们都希望日本的技术和中国的生产力结合起来，所以往往寻求在合资企业中控股。”但是武田春仁经过深入研究后发现这些策略并不奏效。大多日本企业都任命日本人为他们中国业务或合资企业的负责人，在领导富士通中国的十年中，武田春仁却放手让其中方合作伙伴管理南通富士通微电子。这给本地的管理团队很大的动力，促进了南通富士通微电子的业务增长。

自2006年开始，富士通甚至停止了向南通富士通微电子委派副总经理的做法，转而定位自己为一个技术和管理的传授者。目前在这家合资企业生产管理和技术监督方面，日方人员只有6人。富士通依然在该合资企业11人的董事会中占有3席，其他8位都是中国人，包括4位中方合资伙伴提名的董事和4位独立董事。这样的架构确保富士通可以有一定的实力对合资企业的业务战略做出指导。

同时中日双方合起来推动合资企业的发展。南通富士通微电子董事长兼总经理石明达表示这种架构使南通富士通微电子在市场上战无不胜。中方管理人员往往着眼于大局，但是日方人员注重细节，一丝不苟，而且提醒中方不以牺牲质量来追求高增长。他说：“我们的核心竞争力就是中国的成本优势加日本的高质量，这在市场上几乎无人能敌。”

石明达透露南通富士通微电子2007年将在国内上市，筹资4亿元人民币。上市可能意味着富士通股权的稀释，但是在武田春仁看来，上市却能确保富士通的影响力。这是因为上市会使企业管理更加透明，对富士通也大有裨益。武田春仁认为，给本地管理团队更大授权，不会意味着南通富士通微电子在富士通的整个战略版图中的地位被削弱，相反这个地位会得到加强。

2006年富士通制定了一个雄心勃勃的目标：2010年海外市场的贡献率应该达到50%，而且中国市场的贡献率应该达到10%。为了达到这个目标，富士通重整了中国业务，将业务集中在一些关键领域，如半导体、电信解决方案和信息科技。位于东京的总部给了富士通中国更大的授权，使之可以有效地削减成本，提高全球竞争力。

武田春仁目前致力于整合富士通在华的39家子公司和合资企业。

富士通已经在上海成立了一家半导体设计企业，这将给南通富士通微电子带来更多客户。

目前，南通富士通微电子已经成为国内最大的半导体封装测试企业，在全球排名第15名。武田春仁的目标是在未来3~5年内成为前10名。

石明达则透露南通富士通微电子在未来四年内将投资超过2亿元人民币，将其生产能力在2010年提升至80亿片，收入则达到50亿元人民币。

刘百家　文

(2007年4月9日)

超级链接

富士通看好中国市场

富士通总裁兼代表理事黑川博昭近日表示，将重组其在华业务，以便实现五年内中国业务翻一番的目标。

黑川博昭预计，中国业务收入将从目前的240亿元人民币猛增至2010年600亿元人民币。在南京的一次采访中，黑川博昭表示，富士通中国收入增长的主要动力并不会主要来自迅猛的扩张，如增加更多的代表处和人手。实际上，更主要的增长动力将来自其在华的39家子公司的整合。

在2003年成为富士通总裁后，当时黑川博昭的首要任务就是让这家仅次于IBM和EDS的全球第三大科技服务提供商扭亏为盈。在截至9月底的富士通上半年财务报告显示，利润与上一年相比增长了14%，达到4.69亿美元。但是日本市场增长乏力，意味着富士通必须向海外扩张，寻找新的增长点。上半财年，富士通海外市场增长了18.5%，但是国内市场仅仅增长了4.4%。

今年6月，富士通决定重组海外业务，将海外市场划分为美洲、欧洲、亚洲和中国四个区域市场，并希望来自这四大市场的收入在富士通的比例可以从目前的30%上升到2010年的50%。富士通中国总裁武田春仁表示，他旗下的业务自从2001开始保持了年均25%的增长率。随着中国对IT服务需求的不断上升，他预计富士通中国将继续保持这种势头。

但是这家日本公司同时面临着巨大的挑战。目前全球主要的科技服务公司，如IBM、EDS、惠普和埃森哲都将中国视为重要的市场，不断加大投入，这给富士通增加了不少竞争压力。同时富士通在华拥有众多子公司和合资企业，如何整合这些企业形成合力，对富士通来说是一个巨大的挑战。目前，富士通在中国拥有18000名员工，分布在39家子公司和合资企业。而这些子公司分别向不同的业务总部汇报，无法形成合力。除此之外，富士通在中国的1500名技术服务工程师分布在不同的城市，如北京、上海、福州、南京和西安等。

武田春仁表示富士通已经就重组中国业务制定了从2007~2009的三年规划，但是如何实施依然是一个挑战。根据富士通制定的三年规划，其中国子公司的员工和资源将被整合在一起。富士通一直在和IBM争夺大客户，这些订单往往需要1000人以上的服务团队的支撑，但是武田春仁表示富士通中国团队人力资源过于分散，很难形成合力。

富士通中国目前只有一个法律方面的工作人员。福田春仁表示，该公司将成立一个有中日法律方面专业人员组成的法律事务部门，来研究如何整合不同的子公司和资源。

刘百家　文

(2006年11月14日)

长久之计

——访通用电气东北亚区董事长
兼首席执行官
庞德明

如果在 2007 年 8 月份访问过通用电气全球网站，你就会发现网站的首页变成了“北京奥运倒计时”。上面出现的是北京和奥运的图片，而不是平时人们熟悉的海螺、苹果、涡轮发电机、或者风车这些代表了通用电气“绿色创想”计划的图案。

用一个事件来作为首页，是这个美国工业巨头很罕见的举动。不过，这也正好证明了通用电气对中国市场的重视和期待。这一切都来自于通用电气对中国市场观念的转变。

通用电气东北亚区董事长兼首席执行官庞德明（Steve Bertamini）认为，这一转变大概从五年前就开始了。从那时起，中国市场并不仅仅是通用电气出口产品市场之一，或者成本低廉的一个制造基地，而变成了公司的战略性市场。“我们目前还处在执行这一战略的初期阶段。如果我们可以把时光快进五年的话，这一转变会对我们的在华业务带来变革，从而使我们可以在未来的许多年里，继续保持一个健康的增长。”庞德明在采访中说道。

海外市场对于通用电气来说日显重要。2007年，来自美国以外市场的收入首次占到通用电气的一半，而非美国员工也占到公司员工总数的50%以上。2006年通用电气在中国的收入增长了近30%，达到了54亿美元。由于2006年较高的基数和2007年通用电气出售了塑料业务，2007年上半年通用电气在中国的收入增长了12%左右。但是庞德明估计，如果不算塑料业务的话，全年的增长速度仍然会在15%~20%之间。

对于未来中国市场的前景，他更是非常乐观："在未来5~10年中，中国会成为我们最大的市场之一，甚至有可能成为在美国之后的第二或者第三大市场。"

目前通用电气的基础设施、工业解决方案和医疗业务在中国的势头都很好，但是其他三大业务：商业金融、消费者金融和NBC环球的规模还很小。尽管通用电气入股深圳发展银行已经成为外资进入中国金融业的一个标志性事件，但是随着中国开放的深化，这三大业务集团可以引入更多的业务进入中国市场，同时中国新的发展趋势也会给通用电气带来更大的机会。庞德明说："我们进行的是一次长跑，所以我们对于目前的状况并不是十分担心。"

庞德明认为，与整个国家发展的方向保持一致，是在这个世界上人口最多的国家成功的关键之一。自从2005年11月来到中国后，庞德明所做的第一件事就是了解中国的"十一五"规划(2006年~2010年)，因为这是领会国家战略最好的来源。

庞德明相信，对于通用电气中国最大的趋势之一就是城市化。国家统计局最新数据表明，2006年年底，中国城镇人口达到了5.77亿，城市化率比2002年底上升了4.8个百分点，达到了43.9%。据估计，到2050年为止，中国还将每年平均有1200万人从农村进入城市和乡镇。城市化意味着对于水、住房、电力、交通和医疗健康等有更大的需求。而在这些方面，通用电气都有着很强的实力。

通用电气从中国的发展规划中读出的另外一个重要趋势是，国家对可持续发展的重视。2005年，通用电气启动了"绿色创想"计划，打算增加对环保技术研发的投入和来自环保产品的收入。而恰巧在这一年，中国也在制定"十一五"规划，也把可持续发展列为重点方向。

于是，2006 年 5 月，通用电气董事长兼首席执行官杰夫·伊梅尔特 (Jeff Immelt) 来到中国，亲自在北京启动了“绿色创想”计划。通用电气也宣布五年内，在中国投入 5000 万美元进行绿色技术的研发。

庞德明说，在这些技术中，有一个和中国特别有关的是清洁煤的技术。这一项目正在通用电气位于上海的研发中心进行。十五位这个领域的顶级科学家正在努力开发新的技术。他希望中国政府可以推动大的国有煤炭公司首先进行试验。因为这些技术一般前期投入都很大，如果没有来自政府的压力的话，企业一般都会因为成本的原因而不愿意成为第一个吃螃蟹者。

2007 年 9 月，伊梅尔特第二次来到中国，参加了通用电气和武钢的合作仪式，启动了中国最大规模高炉煤气联合循环发电项目。通用电气的发电解决方案将每年为武钢节约 12 亿元的电费，同时减少 200 万吨的二氧化碳排放。

庞德明说，由于全力推动，通用电气中国来自“绿色创想”产品的收入已经占到了总收入的 10%，提前实现了通用电气全球设定的 2010 年的目标。他预计在未来三年，这个比例在通用电气中国会达到 20%。

刘百家　文

（2007 年 10 月 30 日）

为了乡村健康

——访通用电气医疗集团
首席执行官
乔·霍根

在大多数发达国家，即使在环境最恶劣的地方也会有基本的医疗保健服务。而在中国，这个全球增长最快的经济体，如果一个农民或其家人患上了重病，他主要的希望就是靠自己的积蓄渡过难关。每天在媒体都有各种新闻报道，某个农民家庭年收入只有5000元，但是他们却不得不想尽办法凑到20万，来为他们的父母治疗重病。

作为全球最大的医学成像设备供应商，通用电气医疗在中国的许多大城市的顶级医院中占有很大的市场份额，但是把服务延伸到广阔的农村成了他们一个新的方向。“我们会全力支持中国卫生部大力发展农村医疗的战略规划，”通用电气医疗集团首席执行官乔·霍根（Joe Hogan）说道。

在2006年9月霍根访问北京时，他充满激情地谈起了中国市场的发展，并且说，通用电气正在制定一个与医疗和政府部门的合作项目，以支持中国在农村医疗健康上所做的努力。

霍根试图改变人们头脑中固有的印象：即通用电气生产的大型设

备就等于高价。他指出，通用电气其实也有很多高性能的设备，可以以低成本运行，从而满足广大农村地区医疗的需求。在CT、X光机、和便携式超声波机方面，我们都有不少具有高性价比和便携特点的产品，而这些都可以用到农村地区的医院和诊所中，"霍根解释道。

通用电气对其巨大的潜力也表现出了积极的态度。霍根说："我们的策略是确保通用电气有合适的产品来支持乡村保健事业。我们给中国政府的建议是采用中心辐射的模式，这样可以覆盖广大地区的需求。在这种模式下，可以成立一些大的区域保健中心，同时与提供基本保健的诊所结合起来。这样，患者可以通过适当的渠道得到相应的治疗。"霍根认为这一模式在避免重复硬件和医生的投资上都可以发挥积极的作用。

"通用电气拥有丰富的产品线。这也使我们可以根据不同医疗机构的需要提供各种设备，"霍根解释说。

中国经验

通用电气在1979年进入中国市场，其医疗设备在国际市场上具有很大的优势。通用电气宣称，在中国所有的顶级医院中都使用打有其商标的CT机、核磁共振和X光机。

"通用是一个具有创新精神的公司，所以我们不只是向中国出口设备，而是把我们的中国工程师开发出来的产品，用中国的制造能力，供应中国市场。"霍根说，"长期以来，我们都认为中国是我们全球最重要的市场之一。"

目前，通用电气医疗业务在中国约有3000名员工。霍根认为，庞大的中国团队可以使公司具有深刻理解本土市场的需求。因为中国并不是一个整齐划一性的市场，所以必须根据相应的发展需求为客户提供相应的产品。"我们一直与中国医疗保健机构密切合作，以确定什么是对某个地区最合适、最具性价比的产品，"霍根说。

他认为在农村地区安装合适的设备将会让诊断更加准确，并且最终减少病人的支出。

为了给农村人口提供基础医疗保健，中国政府已经采取了一系列措施，建立社区医疗体系，并推动农村医疗改革。然而，从政府的角度来看，看病难和看病贵才是中国面临的难题。中国人口占世界人口的22%，而医疗支出只占2%。而且80%的医疗资源集中在城市，其中还有三分之二集中在大医院。与此同时，农村地区和城市中的社区卫生机构却没法得到必要的资源。在医疗保险方面，大约44.8%的城市人口和79.1%的农村人口并没有任何医疗保险。

除了加强乡村社区卫生机构之外，通用电气的另一个策略是早期诊断模式，以便在疾病早期就进行检查、诊断和治疗。“我们注重于早期诊断，而不是后期的治疗，”霍根说。

通用电气认为，早期诊断对中国显得尤为重要，因为在中国，中风、癌症和心脏病的患病比例在快速上升。世界卫生组织曾经估计，如果中国无法控制这些疾病的增长，会有数百万人因此而死亡，而且会在未来十年内给国家收入带来5000亿美元的损失。

早期治疗

通用电气医疗集团正在计划帮助医生们早些发现疾病，同时及早进行治疗。这样也可以减轻医疗体系的负担。“今天世界上大部分医疗体系还是以治疗为基础：当人们发现自己得病时，才会治疗。但是我们的产品体系核心是努力使人们保持健康。当人们发现健康受损，确实需要接受治疗时，能够以最不具破坏性的方式进行治疗，”霍根说道。

他指出，目前世界上70%的医疗资源花在治疗疾病上。而通用电气医疗集团认为只需50%的资源就能实现这一使命，其他的投入应放到如何使人们保持健康上，因此早期诊断和早期治疗变得十分关键。以乳腺癌为例，早期诊断和治疗会减少癌症的死亡率，同时也大大减少社会为此承担的经济负担。最近，通用电气和搜狐网、解放军307医院联手做了一个问卷调查，来提高人们对乳腺癌的认知程度。

总部位于伦敦的通用电气医疗集团，每年为通用电气贡献150亿美元的收入。在全球，通用医疗集团有45000名员工，在100多个国家和地区为医疗专业人士和病人提供服务。

1991 年通用电气医疗集团在北京成立了在华的第一个工厂。到现在，通用电气已经成立了三个研发中心，开发最先进的医疗产品。在华生产的所有产品中，60% 都用于出口。由于通用电气医疗集团在中国的出色表现，其在上海的制造基地也获得了美国食品药品署的批准，成为第一个可以用于终极灭菌医疗产品和相关设备的中国工厂。

通用电气医疗集团在中国的销售收入在 2005 年达到了 7 亿美元，占其全球总收入的 5%。

姜晶晶　文

（2006 年 10 月 16 日）

超级链接

1. 通用电气推动“绿色”业务

通用电气在2006年5月29日把它的环境发展计划带到了中国，迈出了它实现在华业务翻番目标的重要一步。

公司董事长兼首席执行官杰夫·伊梅尔特代表通用电气和发展改革委员会的代表一起，签署了一份谅解备忘录，为中国提供环保技术，并且正式在中国启动了通用电气“绿色创想”计划。“今天的签约代表了通用电气内部两大潮流：对中国的承诺和绿色创想，”伊梅尔特在启动仪式上说。

中国已经成为这个世界最大工业巨头的一个重要市场，在华销售已经达到了此前伊梅尔特设定的50亿美元的目标，几乎是2003年的两倍。伊梅尔特估计，在未来五年内，通用电气在中国的收入会保持持续增长，并再次翻番。

通用电气的“绿色创想”计划正好和中国对于可持续发展的重视相吻合，也正好满足了中国对环保产品解决方案的需求。

2005年，“绿色创想”正式在美国启动。目标是在2010年，来自环保产品和其解决方案为通用电气贡献200亿美元的收入。然而，两周前，通用电气公布的数据显示，来自“绿色创想”产品的收入已经在2005年达到了101亿美元，比2004年的62亿美元大幅上升。通用电气中国区董事长兼首席执行官庞德明透露，在中国，绿色创新产品也在2005年带来了数亿美元的收入。与此同时，中国也把提高能源利用率放到了重要日程上，设定了到2010年单位GDP能耗比2005年下降20%的目标。

由于在帮助中国提高能源利用效率和环境保护上进行的努力，通用电气得到了国家发改委副主任张国宝的赞赏。根据发改委与通用电气签订的谅解备忘录，后者将向中国提供包括汽化煤、风能、支线机、先进机车技术、海水淡化和节能照明等技术。2005 年 10 月，通用电气向铁道部提供了 300 辆机车，价值 4.5 亿美元，而这些机车比以往的产品减少 28% 的温室气体排放。

2006 年 5 月，这个美国工业巨头也与清华大学签署谅解备忘录，利用清华大学的清洁能源开放技术，并结合通用电气对客户需求和本地市场的了解，联合开放清洁技术。

（2006 年 5 月 30 日）

2．医疗检查

由于国内医疗保健市场的增长，分析人士预测中国的医疗设备市场会在未来四年内，增加七倍多。但是对于外资设备厂商来说，由于 2005 年以来政府采取了监管措施，分享这一盛宴的机会可能会减小。

据预测，2005 年中国医疗设备市场规模是 12 亿美元，而 2006 年这个市场将达到 17 亿美元。2010 年的规模则会是 125 亿美元。随着中国医疗市场的发展，在技术、服务和对医疗机构的影响力上占优势的外资设备厂商被认为会是最大的受益者之一。

但是 2005 年以来，病人及其家属对于过度施药和医疗检查的抱怨，已经给这个市场带来了一些变化。中国政府对市场中的不规范现象十分不满，并努力要为人民提供可以承受得起的医疗服务。于是启动了一波又一波的监管措施，试图遏制日益上涨的医疗费支出。而医疗设备市场也被认为是一个重点监管领域。

2005 年 3 月，三个部委修订了医疗设备采购的审批过程。医院在采购 CT 机和核磁共振这样的设备时，需要向当地卫生部门申报，并获得省级相关部门的批准。2005 年 10 月，国家发展和改革委员会也发出通知，要求各地价格监管机关认真核算各种医疗检查的成本，并向大众公开。

在中国，绝大部分医院都是公立的，但是它们的经费都很紧张，甚至无法给员工发工资。而且，人们还没有形成为服务付费的习惯，于是一次诊断的费用仅仅是5块钱。医院经常需要用通过卖药和医疗检查来弥补亏损，导致滥开药物和检查的处方、以及出现受贿问题。

然而，如果检查的价格调整的话，对外资设备厂商来说会是一个很大的打击，因为规定指出无论设备是进口的还是国产的，如果是同样的检查，就必须是同样的价格。这意味着用更为先进的进口设备检查，医院也只能收和国产设备同样的价钱。作为中国市场上最大的大型医疗设备提供商的掌门人，通用电气医疗集团中国区总裁陈治说，他的公司理解并支持中国政府正在和将要采取的行动。

不过，陈治提出了一个问题："我们现在采取的措施是否合理？我们是应该抑制对大型设备的需求呢？还是应该更有效地分配医疗资源？"他补充说，现在说中国医院采购了超额的医疗设备还为时尚早，问题的关键是解决医疗资源在大城市和农村分配的两极分化。在中国，每一百万人中有3~4台CT机，而在美国则是34台。根据中国医疗器械协会的数据，到2004年年底，中国的医院中有5000台CT机，但是80%都在发达地区。

在提供更好的医疗服务上，减少设备采购并不是一个最终的办法，飞利浦医疗系统中国区总裁金定义说。中国人口占世界人口的22%，但是医疗支出仅占2%。然而，外资医疗设备公司必须找出应对压缩医疗设备采购的现状，以及满足小城市及农村对低价医疗设备的需求。

通用电气医疗集团2005年在美国启动了早期诊断计划，类似的计划6月也在中国推出。这个计划鼓励人们在没有明显疾病的征兆时，定期去接受癌症和心脏病等疾病的筛查。陈治认为，未来的医疗保健模式会从治疗为主的模式，转向以预防为主。而这个变化将成为医院的一个重大的发展动力。飞利浦中国区总裁张玥也认为这是一个未来的方向。

中国工程院院士也是中国最著名的呼吸疾病专家钟南山也表示，

高额医疗费用也和人们经常是在疾病后期才去医院治疗有关系。但是，如果人们早点发现疾病，并接受治疗，死亡风险和支出都会大大下降。

据通用电气医疗集团的研究，早期乳腺癌的治疗费用不到1万元，而且五年生存率可达到95%。但是如果是晚期病人的话，生存率仅有16%，而治疗的费用则高达10万元。 因此，早期诊断的模式对国家和病人都会带来好处，而像通用电气这样的设备提供商也会受益。比如说更多的人会去做CT检查，以便尽早发现疾病。而设备的利用率也会提高，对于设备的需求也会增加。

降低医疗检查的费用，让更多的病人可以接受治疗也成为创造出市场需求的另外一个途径。

飞利浦已经和中国伙伴东软集团成立合资公司。合作共赢已经被飞利浦看作是在国际和国内医疗设备市场成功的一个关键。张玥说："合资公司自从2004年成立以来，已经设计出三款新的经济型产品。""我们的竞争对手或许在政策监管中受到一些打击，因为它们的产品主要在高端领域，但是我们的经济型产品却可以使我们从小城市以及农村市场的增长中获得成功，"金定义说。

通用电气医疗集团表示，他们正在了解中国市场的需求，并加快经济型产品的开发。

刘百家　文

（2006年7月17日）

时尚先锋

——访爱马仕中国区总裁
雷荣发

2007年对于爱马仕可谓三喜临门——这一法国著名奢侈品品牌迎来了它170周岁生日，推出第一款丝巾产品整整70周年，今年更是其进入中国大陆市场整整10周年。

一贯奉行低调市场营销的爱马仕2007年5月底在上海高调推出了一系列活动。新扩建的上海恒隆广场店落成开业，成为其在中国大陆最大规模的专卖店。公司同时宣布将在上海美术馆举行为期一个月的爱马仕“锦绣梦想”高级丝巾展。

爱马仕中国区总裁雷荣发表示，2007年公司将在国内新开4家专卖店，从2008年起将以每年增加3~4家新店的速度在中国扩张。

雷荣发2006年5月加入爱马仕，并于同年9月被任命为中国区总裁。这位出生于香港的中国人在巴黎的HEC工商管理学院取得了MBA学位，有着24年的时尚奢侈品管理经验，曾经在法国、中国香港、中国台湾和中国大陆地区任职于欧莱雅和LVMH集团。

雷荣发表示爱马仕过去两年在中国大陆的销售额以非常可观的两位数增长，但他并没有透露具体的数据。“目前中国对于爱马仕全球业务来说还很小，处于业务刚起步阶段。但是五年以后，中国将跻身于我们的前五大市场之列。”目前，日本、法国和美国仍然是爱马仕的主要市场。

爱马仕在全球40个国家和地区共有280家专卖店。在中国大陆的第一家专卖店于1997年开设于北京的王府饭店。目前在国内共有8家分店，分别位于北京、上海、广州、天津、大连和杭州等大城市。

爱马仕天津店于2007年2月份开业，是一家坐落于伊士丹购物中心内的店中店。在日本国内，爱马仕公司和伊士丹有着长期稳定的合作关系。也正是出于这个原因，爱马仕正在探索是否可以与在中国的伊士丹购物中心合作发展店中店的形式。雷荣发说：“如果天津店成功，我们将不排除未来在中国广泛采取这种店中店的形式扩张。”除了天津店以外，爱马仕其他的分店都是独立的专卖店。

“我们在中国都是采用直接投资的方式，因为这样我们可以更好地管理一切，特别是在行政运营和客户服务方面，”雷荣发说。

在中国的奢侈品行业，销售人员和市场人员的流动性非常高，其中一个重要原因是越来越多的国际品牌进入中国，开设新店。他们需要雇用有经验的人。对于爱马仕而言，在快速扩张的同时，非常重视给员工创造更好的工作环境。雷荣发骄傲地表示，在2007年的前四个月，爱马仕员工的离职率为零。他相信，人力资源是公司发展最重要的财富。

1837年创建的爱马仕集团，设计开发并销售14种优质产品，包括：皮具、丝巾和领带、餐具、珠宝、和香水等。在发达国家，爱马仕皮具是销售最好的品类，但中国市场却不同，成衣是销售重点。其原因可以追溯到十多年前中国的奢侈品市场主要来自于男士消费，男士希望通过高级西服或手表来显示自己的事业成功和显赫地位。

不过雷荣发也表示，中国市场的皮具、丝巾和领带业务正快速赶上，因为越来越多的女士开始购买爱马仕最著名的Kelly手袋和Birkin手袋。爱马仕公司希望与中国消费者多多交流，让他们了解爱马仕品牌的14个部门所涵盖的丰富产品线。雷荣发说爱马仕不认为自己是奢侈品牌，相反认为其是一种生活方式，是用顶级的材料、无与伦比的手工技术

和最先进的生产流程而创造出来的可以代代相传的艺术品。

在这种品牌哲学下，爱马仕的主要目标消费群分两种：成功的企业家，拥有自己的公司，追求高品质生活；在跨国企业工作的年轻白领，希望自己的生活有独特的品位。为了吸引不同的消费者，爱马仕的产品价格跨度很大，既有1000元左右一瓶的香水，也有160万人民币一个的钻石手袋。

2007年爱马仕公司与中国著名现代画家丁乙合作，共同设计了一款名为“中国之韵”的丝巾。爱马仕全球设计总监皮埃尔·亚历克斯·杜迈（Pierre-Alexis Dumas）说，当他看到丁乙的作品时，被其独特的设计和深刻的诠释深深折服。这款丝巾也将在本次“锦绣梦想”高级丝巾展上首次亮相。

姜晶晶　文

（2007年7月2日）

放眼中国

——访爱马仕全球高级执行副总裁、
手表事业部主席
德塞恩斯

奢侈品先驱品牌爱马仕在中国的业务正全速拓展，其在全球首次推出的机械手表也将同步进入中国市场。

在爱马仕 170 年的历史里，这是它首次在全球范围内发布机械手表，中国也位列其中。爱马仕全球高级执行副总裁、手表事业部主席德塞恩斯（Guillaume de Seynes）表示此举对于中国这个对机械手表情有独钟的市场将起到积极作用。

德塞恩斯说对于爱马仕中国公司，手表业务的发展有着举足轻重的作用。在 14 个业务部门中，手表业务占全部收入的 10%，其比例比任何欧洲市场都高。

爱马仕手表目前在中国共有 30 多个零售点，其中包括 20 多个特约经销点、2 家店中店和 6 家爱马仕专卖店。爱马仕表示将进一步拓展这三种分销渠道，在 2007 年将进一步扩张其分销网络。德塞恩斯说："爱马仕的目标是在中国每年开 2~3 家专卖店。我们的手表系列将从中受益，通过专卖店提升产品的曝光率。除此以外，我们在今年内将开设2家手表店中店，同时寻找更多的专业手表经销商。”

开拓中国

爱马仕开设了其在巴黎老佛爷和巴黎春天两家手表店中店后，它的下一个目标是亚洲，是中国。更确切地说是云南省昆明市和辽宁省鞍山市。两家店中店分别于2005年和2006年开业。

手表是爱马仕为数不多的在其专卖店以外出售的产品，因为公司相信通过与各地的专业手表经销商合作，其产品将会更快捷地深入到各个城市。但是德塞恩斯指出，“分销手表是专业性很强的工作，让专卖店的销售人员熟知所有产品，从丝巾、领带到机械手表是很有难度的，所以爱马仕往往在每个专卖店设有一名手表专卖员。他可以从手表专业知识到设计理念给顾客详尽地介绍。当然，给予这些销售人员全面的培训也是必不可少的。”

在选择经销商方面，爱马仕采取谨慎的态度。它不会选择那些动辄代理30甚至50个品牌的零售商，家族企业有时还是爱马仕的首选。公司对于所有经销商有严格规定：产品全部按统一价格销售，没有折扣。对于VIP客人要求折扣，爱马仕的回答永远是“不”，因为它相信玩价格游戏对品牌发展有害无益。“好莱坞影星莎朗·斯通两次来问我们是否可以给她打个折，我们都拒绝了。也正因为如此，她始终是我们忠实的顾客，”德塞恩斯说道。

自从1978年推出第一款石英表，爱马仕手表凭借其独特的设计吸引了无数富有、知名的女性。去年年底，爱马仕终于推出机械手表系列，主要针对男性消费者，而这些人本来就是爱马仕品牌的目标消费群。

收购Vaucher

爱马仕公司近期宣布其与山度士家族基金会（Sandoz Family Foundation）的合作将加强其在手表领域的市场竞争力。德塞恩斯说，“我们新近收购了山度士家族基金会旗下的高级机芯设计工厂（Vaucher

Manufacture Fleurier) 25% 的股份，由此我们在钟表领域有了长足的进步，为爱马仕的历史翻开了新的篇章。”

他指出，两家公司对高档手表市场的发展有着共同的远景。这一合作将给消费者带来更多高品质的产品，同时也给爱马仕向机械手表领域发展提供坚实的技术支持。

德塞恩斯表示高级机械计时器系列主要针对手表发烧友和收藏家。这一系列有着高性能机芯、卓越的工艺和非凡的设计，其稀有性也增加了产品的收藏价值。例如，新近推出的 Cape Cod Eight Day Jumping Hours 系列手表在中国的售价是 26.63 万元。

目前，机械手表仅占其手表业务的 4%~5%，但是爱马仕认为这一比例将会随着今年将要推出的女式机械表系列而很快增加。

在法国，消费者对于石英表或机械表并不在意，但是中国不同，中国消费者偏爱机械表。

2005 年，爱马仕全球共销售 12.7 万只手表，营业收入达到 14 亿欧元，占整个集团收入的 7%。爱马仕手表全球共有 1000 多个销售网点，其中包括 249 个爱马仕品牌专卖店。

姜晶晶　文

(2007 年 1 月 6 日)

艺术生活

——访爱马仕中国区董事总经理
欧欣宁

手表、珠宝、皮包、服饰是中国新贵一族首选产品，因为这些物品可以每天穿戴，尽显其财富和地位。然而这仅仅是奢侈品消费的初级阶段，真正的奢侈反映在生活方式上。

有多少中国消费者除了追逐名牌服饰珠宝，还对顶级床上用品、茶具甚至烟灰缸深喜爱不已呢？法国奢侈品品牌爱马仕耐心地等待着这一潮流趋势的到来。他们相信中国有非常大的顶级家居用品消费群。

爱马仕中国区董事总经理欧欣宁（Segolene Audras）说："我们在中国的消费者已经开始购买爱马仕专卖店的'生活艺术品'。有些人自己在家或办公室享用，还有些人用来馈赠亲朋好友。"

欧欣宁表示他们的顾客不仅仅对爱马仕传统产品如领带或皮具感兴趣，他们也越来越关注"生活艺术品"这一产品线了。比如，他们为夏日度假购买毛巾，或者为了家庭聚会而添置一套茶具。"我们看到越来越多的消费者愿意购买这类产品，犒劳自己或者取悦亲朋。"

虽然中国的这一市场有待开发，但是像爱马仕这样有远见的品牌已经着手在中国推出家居和休闲类产品。早在1997年爱马仕品牌刚刚进入中国的时候，其“生活艺术品”产品线就同时落户。

欧欣宁说：“我们认为爱马仕专卖店必须陈列所有14个类别的产品。我们打算在每个现有的店里开辟更大的空间展示‘生活艺术品’。这也意味着我们会进一步扩大目前的店面。”

“生活艺术品”类产品线长，但是所有产品的设计都围绕三个主题：宠爱自己、赠送给最亲近的人、与亲朋分享。

欧欣宁向记者透露，爱马仕正准备在今年晚些时候把“Pippa”折叠家具系列引进中国。这个系列包括木质靠椅、书桌和餐桌等。因为引进这个系列，爱马仕准备在现有的五个专卖店里挑选一家进行扩建，以开辟更大的空间展示这一设计佳品。

爱马仕品牌目前在北京有两家分店，在上海、广州和大连也有专卖店。今年6月将在杭州开设其在中国大陆的第6家分店。除了香水、手表和餐具由指定专业代理商销售，爱马仕所有的产品都仅在其专卖店出售。

欧欣宁表示，爱马仕品牌的产品线长、种类丰富，所有的产品在中国均呈快速增长的趋势。她指出，“生活艺术品”系列产品虽然没有丝巾、领带或皮具出名，但爱马仕重视所有类别的商品。“所有产品集合在一起才能体现整个品牌的历史、文化与价值。”她表示“生活艺术品”系列产品在中国发展很快，而且仍有很大的发展空间。爱马仕会将这一系列在创新、典雅和技术方面所做的努力也带给其他13个类别的商品。她还补充道：“来到我们店里的顾客，总会在‘生活艺术品’中找到适合自己、家人或朋友的东西。”

“生活艺术品”部门创意总监Chaton Saconay说，这个产品线就是给顾客提供高品质生活，用所有精美独特的创意装点生活。产品设计秉承的风格是优质、高雅、简约。欧欣宁说：“我们设计的时候，保证产品源远流长是工作的一个重点，所以在选材方面，无论是布料、木材、皮毛、玻璃还是水晶，我们都无比挑剔。公司会提供不同价位的商品，以满足不同消费者的需求。我们会带给中国市场更多优质独特的产品和设计。”

为了加强与消费者的沟通，公司于2005年3月发行了中文版的《爱马仕世界》杂志。这一杂志创刊于1973年，每年两期，目前以八种语言出版发行。

爱马仕诞生于1837年，最早是一家制造和销售马具的专卖店。其“生活艺术品”系列产品于1929年问世，专门生产汽车内的水晶烟灰缸。“生活艺术品”生产部门诞生于1974年。

姜晶晶　文

(2006年6月5日)

超级链接

第二个选择

这次不是北京，而是山西。2006年，北京老牌高档百货公司赛特商城在其14周年店庆促销活动中，所有商品一律七五折优惠。公司在选择投放广告的时候，放弃了北京，而对准了北方内陆地区的煤乡山西省。

公司高层深知，山西的新贵一族远远比北京的白领阶层阔绰。每年他们成群结队地飞到北京，住在赛特商城后面的赛特酒店，在他们衷情的赛特商城疯狂购物。14000元一瓶的化妆品、20000元的貂皮大衣，还有7000元一双的皮鞋都是他们所钟爱的。

在2006年的店庆促销中，来自山西、河北、内蒙古和天津的采购团为赛特带来开店以来最高的日营业额——2000万元。

从赛特的经验可以看出中国越来越多的富裕阶层已经不仅仅局限在北京、上海、广州这些大城市，二三级城市甚至更小县镇的消费力实在惊人。

再来看看北京东四环边的燕莎奥特莱斯商城门前停着的轿车，其中很多都不是来自北京，而挂着周边省市的车牌。他们很多都来自河北省。把开车到北京购物已经成为周边富裕阶层周日早上必行的锻炼。

追寻消费力

中小城市迅速增长的购买力和对奢侈品的渴望已经引起在中国的众多国际奢侈品品牌的注意。他们也渐渐将视野转向二级城市。

路易威登于15年前进入中国，目前在13个城市拥有16家专卖店。在过去的两年中先后在温州、昆明和沈阳连开3家专卖店。路易威登全球CEO圣·卡斯利（Yves Carcelle）表示，下一个目标是重庆、哈尔滨、三亚、宁波、南京，甚至乌鲁木齐。

法国老牌奢侈品品牌爱马仕两年前在中国选址开设其第一家手表专卖店时，选择了云南昆明。这家专卖店销售的手表价格每只高达26万元。第二年，爱马仕又在东北钢铁之都辽宁鞍山市开设了分店。

高级书写工具品牌万宝龙在2006年收回了其在中国的原来由经销商控制的一二级城市所有门店，开始自己经营管理。

德国著名精品时装集团胡戈·波士（Hugo Boss）在二级城市的战略简单而直接。用胡戈·波士香港有限公司董事总经理Lars Larsen的话说是："永远争做第一名。"截至2007年3月底，胡戈·波士在全国40个城市共设75家销售网点。

中小城市巨大的人口根基是吸引奢侈品公司的重要原因之一。很多品牌都表示中国二级城市的人口比很多欧美国家的全部人口多得多。在中国，人口超过100万的城市有100多个，这些都意味着商机无限。

此外，在浙江、江苏、福建和广东等省，市场经济培育出一批私营业主；东北的辽宁、吉林和黑龙江三省素有"置大件、重面子"的消费习惯；在山西，煤矿主开法拉利、带欧米茄是炫耀其财富的主要途径。

中小城市对奢侈品的需求近年来迅速增长，有超过主要城市的势头。上海整合营销咨询有限公司首席分析师刘威表示顶级品牌十年前向大城市蜂拥而至，现在开始转向中小城市并不是奇怪的事情。

显示社会地位

刘威说在中小城市新贵一族已经形成，他们强烈渴求社会认同，希望与周围的人不同。"他们关注的已经不再是商品是否物有所值，而是自己使用的东西在别人看来是否贵重。自然而然，劳力士手表、宝马车便成了他们的首选。"

国际著名市场研究公司TNS研究总监陈湛指出，一级和二级城市的消费者对奢侈品有着相同程度的渴望，但是与一二级城市消费者相比对于品牌的认识更模糊。他们对品牌渊源、历史、文化和特点知之甚少，他们主要看中的是产品是否具有凸现其社会地位或财富的作用。

当然，一级城市市场并没有饱和，在那里出现一批新的奢侈品消费者——低调消费者。他们比较喜欢更加低调的品牌，如Anna Sui和Mac Jacob。

品牌迅速扩张的步伐是不可阻挡的。移师二线城市的一个重要原因是近年来北京、上海等城市日益攀升的运营费用、房租和人员工资。在北京主要购物中心开一个专卖店动辄需要几百万人民币，于是在费用相对较低、但是有消费潜力的地区圈地便被众多品牌提到议事日程。这对于那些后进入中国的品牌格外重要。他们虽然在十年前输给了先进入的品牌，但在二线城市仍有一争高下的机会。

刘威说在新兴城市开店相对容易，特别是对于有着十几年中国经验的很多品牌而言，他们已经建立了相对扎实的分销、物流、人员招聘培训等网络。地方政府的支持也至关重要，因为顶级品牌的入驻在一定程度上也反映了当地经济的发展程度。

品牌进入中小城市对于打击假货盗版也有积极作用。相对于大城市，仿制品在中小城市更加猖獗。品牌专卖店在这些地区的建立对于不法分子起到了震慑作用。

目前想衡量一二线城市哪个更重要还为时尚早。一线城市虽然增长放缓，但是有强大的白领阶层作为后盾，而在中小城市，私营业主的消费给品牌带来飞速发展。

然而，从管理、人力资源、市场环境、基础设施和物流支持等方面看，大城市仍然具有不可超越的优势。市场资讯公司盛世指标的总经理肖明超表示，大城市的地位是不可取代的，它们仍然是潮流的引导者。

不同的策略

针对不同的市场情况应该采取不同的策略。肖明超说：“在大城市提高品牌忠诚度、完善顾客关系、培养更多的回头客是主要任务；而对于中小城市,尽量多地接触消费者是重中之重。所以扩大品牌知名度、加强品牌穿透力就是主要任务了。”

珠宝品牌卡地亚大中华区行政总裁陆慧全在接受《服装时报》采访时曾表示，卡地亚在小城市开店的主要目的是培育市场，并非提高销售额。根据路透社报道，卡地亚计划明年年底将中国的专卖店数量翻一倍，达到22~24家店。

然而也有分析家指出品牌不能一味注重在二线城市的扩张速度，而忽视了每家店的服务质量。德国奢侈品营销咨询公司Trendbuero亚太区总经理Dirk Jehmlich就指出，在山西太原的某家奢侈品专卖店，店员不如大城市的店员专业，“他们表现的热情过头，一再怂恿消费者购买产品，而并非让消费者自己做主。”Dirk Jehmlich表示消费者会很快发现同样专卖店在不同城市的服务区别。这对于品牌的发展非常不利。

姜晶晶　文

(2007年5月21日)

减法之道

——访霍尼韦尔全球副总裁兼中国区
首席执行官
沈达理

在很多美国评论人士声称发达国家应该给中国、印度这样的发展中大国更多压力，让它们制定温室气体减排的时间表时，他们可能并没有听到马凯对于中国地方政府和企业说的那些严厉的话。

国家发改委主任马凯在 2007 年 6 月 4 日强调：没有实现节能减排目标的地方官员要被问责，甚至丢掉他们的饭碗。在过去，这样严厉的处罚仅仅用于严重失职的情况，如在重大灾难发生时应对不力等。

至关重要的任务

对霍尼韦尔全球副总裁兼中国区首席执行官沈达理（Shane Tedjarati）来说，这是一个明确的信号，表明中国正在审视过去简单追求经济增长的模式，并且开始对提高能源效率和环保给予认真的关注。这对于沈达理的公司来说，是一个好消息。“我们在中国可以做的最大的事情就是为节能和环保做出贡献，”沈达理在采访中指出。

中国政府已经在“十一五”规划中制定了到 2010 年万元 GDP 能

耗比 2005 年下降 20% 的目标。由于中国还处于工业化的加速阶段，能源需求还会持续强劲，所以这个目标也被认为是极富挑战的。

在中国努力摆脱来自本土对手的价格战和寻找新增长引擎的时候，许多跨国公司都把节能降耗看作一个它们可以充分发挥自己在创新优势上的机会。

在过去的两年中，法国工业巨头施耐德电气首席执行官赵国华已经两次访问中国，向中国客户推广其智能家居和节能方案。而施耐德电气正是霍尼韦尔的直接竞争对手之一。2006 年，另一大竞争对手通用电气的董事长和首席执行官杰夫·伊梅尔特也在北京亲手启动了“绿色创想”计划，宣布通用电气将投入 5000 万美元在中国研究环境友好型的产品。

霍尼韦尔称自己 50% 的产品都属于节能类的产品。据估计，如果采用霍尼韦尔现有技术的话，全球能源消耗将减少 10%~25%。沈达理说，由于霍尼韦尔的产品线很长，其在华业务部门必须能够同时应对多种任务。

霍尼韦尔正在中国研究本土化的节能技术，其中一个便是涡轮增压技术。应用了这一技术的发动机仅有原来的三分之一大，但是可以节省 20%~25% 的燃料，并降低同样比例的废气排放，同时还能够提供给消费者满意的使用体验。沈达理指出，对于中国这个世界第二大汽车市场来说，使用节能的汽车技术将有助于其实现宏伟的节能目标。

在能源项目管理方面，霍尼韦尔也在寻求领导地位。在过去，它已经帮助美国客户节省了 30 亿美元的能源消耗和运营成本。2006 年 8 月，霍尼韦尔签约了第一个在华客户——深圳青岛朝日啤酒有限公司。根据协议，霍尼韦尔承诺让客户的工厂在五年内，每年节省 17% 的能源。沈达理表示霍尼韦尔将会签署更多此类的合同。

此外，霍尼韦尔还在积极推动其智能家居，利用这些技术可以为家庭节省 30%~40% 的能源消耗。

随着节能市场的火爆，许多国内公司也纷纷加入，并且推出了自己的解决方案和技术。沈达理认为这也给霍尼韦尔带来了并购的机会。虽然霍尼韦尔在并购领域有着120年的经验，但与施耐德和通用电气这样的竞争对手不同的是，过去几年在并购本土企业上，它始终保持低调。

沈达理说，在他执掌霍尼韦尔中国的早期，公司更多关注的是调整在华策略和强化组织结构。“并购是我们在中国没采取过的少数策略之一，但现在已经到了改变的时候了，”沈达理说。

他认为，在中国有不少质量很好的本地公司。它们的本土化解决方案和对本土市场的理解都很有吸引力。通过并购其中一些公司，霍尼韦尔也可以使自己的产品和方案在中国更具有针对性。

从东方到西方

“道可道，非常道”是道家经典著作《道德经》的开篇语，也是中国文化迷沈达理的口头禅。

虽然很多西方公司经常认为：在中国，成功之道是模糊不清和复杂的，沈达理却认为，在中国这个世界上成长最快的市场上，他的公司已经找到了自己的成功之路，即采取一个从东方到西方的策略。

“如果我们同意中国是世界舞台的一部分的话，它就不应该被认为仅仅是一个市场，”沈达理说。“中国正在以其独特的方式给世界市场带来革命性的变化。”

传统上，很多跨国公司以一种西方到东方的方式来开拓中国市场：首先在发达国家研究出一个产品，然后使其在美国和欧洲这样的市场取得成功，再把它带到中国市场。他们很快发现，这些产品在中国的销售达到了1000万美元，而且成长性也不错。于是，他们开始在中国销售的产品上做一些改动，加入本土化的元素，然后再投放到市场上。这样一来出现了两种现象：由于这些产品是根据西方客户的需求设计，并且只满足了中国高端客户的需求，销售很快遇到了瓶颈；成千上百的中国制造商也找到了生产类似产品的办法，但是他们的价格只有跨国公司同类产品的十分之一。

“这种从西方到东方的策略只能催生出你的竞争对手，”沈达理说。他从1992年开始就在中国做生意，并在2004年担任霍尼韦尔中国区首席执行官。现在，这个位于美国新泽西州莫里斯镇的美国公司，目前在中国做的正是改变传统的经营之道，培养在中国为本地市场开发技术和产品的能力，从简单的汉化到本土创新。沈达理认为，如果能培养出满足中国这样具有多样化需求的广阔市场的本土开发能力，对霍尼韦尔在世界市场上的成功将具有重大价值。

很多跨国公司认为有两个中国：以上海等沿海地区为代表的发达中国和以中西部为主的发展中中国。而沈达理认为中国在某种程度上是全世界的缩影。它同时具有发达、发展中和最不发达市场的特点，同时也有着大量的购买力，所以企业可以把中国市场作为试验场，来检验他们的产品和方案对于不同发展水平国际市场的适应性。

“我们聪明，并且能够正确看待中国市场的作用的话，就会使我们的产品和业务对于人类的需求更具针对性，也会使我们公司成为一个真正全球性的公司，”曾经担任过咨询巨子德勤中国董事总经理的沈达理说。他指出，霍尼韦尔之所以采取了从东方到西方的策略，与公司最高层领导人的支持是密不可分的。

在高德威(Dave Cote)于2002年接过霍尼韦尔董事长兼首席执行官的帅印时，美国以外的市场被认为是霍尼韦尔增长的关键因素，而中国也被看作是重中之重。两年后，沈达理也被招到帐下，担任中国业务的领军人物，成为唯一一个向高德威汇报的区域市场领导人。直到今天，在跨国公司中，直接向全球最高首脑负责的中国业务负责人仍是凤毛麟角。

从东方到西方的战略也与霍尼韦尔倾听客户，并提供满足他们多样化需求的文化相吻合，于是得到了集团四大业务部门首脑的支持。从2003年到2007年，霍尼韦尔的全球业务收入以年均10%的速度增长，利润以每年19%的平均速度增长。2006年霍尼韦尔在中国取得了20%以上的发展，沈达理相信这一速度会继续保持下去。

在过去的三年中，霍尼韦尔在华的员工几乎翻了一番，达到5000人。沈达理说，随着从东方到西方战略的实施，他的公司在中国会在研发和营销方面继续增加员工的数量。

刘百家　文

（2007年6月16日）

直面挑战

——访霍尼韦尔建筑智能系统部中国区总经理
高志长

三年内收入翻番对于许多公司来说是一个非常满意的结果，但是对于美国工业巨头霍尼韦尔来说，在中国的能源合同管理市场上制定这样的目标是有点保守了。

当霍尼韦尔建筑智能系统部中国区总经理，同时也是其能源合同管理业务负责人的高志长（George Ko），把三年内中国业务翻番的计划提交给总部时，他被告知，应该制定一个更高的目标。当然他也可以申请任何必要的支持，以便实现新的目标。“这项任务非常具有挑战性，不过现在也是发展能源合同管理业务最好的时候。”在一个夏日雨天的午后，高志长在位于上海虹桥机场附近的办公室里，向记者娓娓道来。

节能减排已经成为中国政府的一个紧迫任务，并且中国已经把可持续、环境友好型的发展列为重点之一。在“十一五”规划中，中国这一世界第二大能源使用国提出，在保持经济增长约 8% 的同时，2010 年的万元 GDP 能耗要比 2005 年的水平下降 20%。然而，在 2006 年单位 GDP 能耗仅比 2005 年下降 1.33%，远远低于原来预计的年均 4% 的目标。

2007年，中央政府已经为节能降耗项目拨款213亿元，比去年增长了30倍。中国能源合同管理协会副主任詹树中估计，要实现“十一五”规划中的节能降耗目标，中国需节省3亿吨标准煤。为此，中国将会产生一个多达3000亿人民币的市场。

霍尼韦尔这一占有美国能源合同管理市场30%份额的巨头，在2006年8月刚签署了在中国的第一份能源管理合同，帮助位于深圳的青岛朝日啤酒有限公司降低能耗。在这份总投资为1000多万元的为期五年的合同中，霍尼韦尔保证把青岛朝日的能源消耗每年降低17%，为青岛朝日每年节省547万元的能源支出。

高志长透露，目前霍尼韦尔签署的能源管理合同还不到十份，但是他已经走遍了中国十个省份，拜访了100多个潜在客户。上海市经委发言人周敏洁此前也曾经透露，在上半年，上海的11个项目中已经投资2300万元，预计将节约1.2万吨标准煤。过去五年间，在上海能源管理合同的总投入是6亿多元，建设了300余个项目。

去年，在浙江省启动了120个能源合同管理项目，并且已经投入4870万元。高志长指出，钢铁、造纸、水泥等高耗能行业，以及像医院、机场和火车站等需要24小时不间断提供能源供应的公共设施，会对能源合同管理有更大的需求。

他声称青岛朝日项目是国内第一个真正意义上的能源管理合同项目，因为霍尼韦尔是唯一保证节能效果的服务商。“能源合同管理不仅仅是节省电费，而在更多的时候是改造客户的业务流程，所以服务商要具有对行业的深刻了解。”生于香港，却在广州度过大学生活的高志长说道。

在西方，一个能源合同管理项目通常对服务商的行业了解、融资功能和综合性技术提供能力有很高的要求。许多本地公司在一方面或者几个领域有特长，比如照明或者空调，但是他们大部分还是主要在卖设备，而不具备综合技术实力或者融资能力。高志长说，霍尼韦尔在行业内30余年的经验和2000多个项目的历史将成为其关键的竞争优势。

与此同时，他的团队已经在过去一年翻了一番，达到了30人，包括节能、销售、法律和财务方面的专业人士。

在许多行业，竞争是让企业领导人担心的问题。而高志长却面临另外一种局面：他需要更多的竞争对手。“在中国，能源合同管理依然是个年轻的领域，所以市场需要更多的参与者，”高志长指出。

上海市已经宣布年内培养120家本土的能源合同管理服务商，并将引导在上海的几家银行为其中一些服务商提供1亿元的信贷额度。

高志长说，目前很多企业都已经有了提高能效的需求，但是能源合同管理还没有列上他们的日程，因为中国的能源价格还没有高到企业必须认真考虑的时候。“像煤炭、石油、水和电力的价格已经上涨了很多，但是相对企业的成本结构来说依然很便宜，”他指出。

这个市场面临的另外一个问题是缺乏标准化的效果衡量办法。市场中有多种不同的节能效果衡量尺度，于是客户也经常没法得到准确的评估结果，被搞的无所适从。

刘百家　文

（2007年9月24日）

专注于“卓越”服务

——访汇丰银行（中国）有限公司行长兼行政总裁翁富泽

近期，包括汇丰在内的四家外资银行通过了监管部门的最后验收，开始向本地居民提供人民币零售业务。汇丰银行（中国）有限公司行长兼行政总裁翁富泽接受了记者的专访，为记者描述了汇丰的发展战略。

问：汇丰已经开始向本地居民提供人民币业务，你们的目标客户群是哪些？

答：由于目前汇丰在大陆的网点有限，我们不可能为所有的零售客户提供服务。因此，目前零售业务的重点是扩大汇丰卓越理财服务。卓越理财是汇丰银行知名的全球个人财富管理品牌。账户余额50万元以上的客户，即可成为汇丰卓越理财客户，将享受汇丰银行提供的一系列增值服务。

问：您认为有限的网络是否是汇丰在大陆发展零售银行业务将面临的主要挑战之一？

答：确实，尽管我们是在大陆拥有网点最多的外资银行，但与本地银行相比，汇丰的网络还太小，而且我们也看到在短期内我们无法赶上本地银行的规模。但正如我所提到的，我们目前的精力主要在发展卓越理财服务上，因此我们的零售网点将主要集中在上海、北京、深圳和广州等大城市。

问：您如何看待中外资银行之间的竞争？

答：从整体上看，我并不认为中外资银行之间仅仅是一种竞争的关系。中外资银行各有自己的优势，可以在市场上形成互补。中国的金融市场是一个动态的、快速发展的市场。我相信所有的市场参与者都能够获得足够的发展空间。

问：汇丰中国的财务状况如何？是否能够在大陆金融市场站稳脚跟？

答：汇丰中国的注册资本是80亿人民币，在第一批本地注册的四家外资银行中是比较大的。这样的资本实力完全可以满足我们现在以及将来的业务发展需要。

问：从盈利能力看，汇丰在大陆市场的经营如何？

答：在本地注册之前，汇丰自身在大陆的业务已经能够盈利。2006年税前利润为10亿人民币。对于整个汇丰集团来讲，如果算上我们自身的业务及在大陆的战略投资，中国大陆市场已经是汇丰在亚太地区，除香港外最大的业务收入来源。

问：与其他外资银行相比，您认为汇丰在中国的主要优势是什么？

答：除了拥有最大的网络，坚实的财务实力，一系列优质的产品以外，我认为汇丰银行在中国最好的资产是我们的品牌和声誉。汇丰银行在中国有142年的历史，在本地客户中，我们享有很高的品牌知名度与声望。

问：您在很多场合都提到过人才问题将会是近期汇丰面临的最大挑战，

可否详细说明一下？

答：确实，如何得到有经验的人才对汇丰来讲是一个挑战，但这并不仅仅是汇丰特有的问题。金融业的所有同行——包括银行与非银行机构，本地的还是外资机构——都面临着同样的挑战。困难并不在于找不到毕业生，中国大学教育出来的年轻人素质还是很高的。挑战在于很难找到在银行业及管理方面有一定经验的人才，比如说有 4~6 年工作经验的人。这就意味着我们要花很多的精力与资源在员工培训上。我们的中国银行家管理培训计划已经有 15 年以上的历史，帮助了许多本地人才丰富他们的国际经验，培育毕业生逐步成为专业的银行家，并帮助他们获得国际管理经验。

王政华，张璐　文

（2007 年 5 月 15 日）

超级链接

1．汇丰获准在华筹建村镇银行

香港上海汇丰银行有限公司宣布，已获中国银行业监督管理委员会批准，在中国农村地区成立一家全资子银行。汇丰由此成为第一家获准进入中国农村地区的外资银行。

新的子银行——汇丰村镇银行——将位于华中地区的湖北省随州市曾都县。该地区占地6900平方公里，现有人口200万，农业为其重要产业，农村经济近年来发展迅速。汇丰集团主席葛霖先生表示："我们非常支持中国优先发展农村经济的政策，也希望能够为此贡献我们的力量。"

在此之前，银监会曾出台了一系列政策，放宽金融机构进入农村地区的门槛，以改善农村地区的金融服务。

葛霖表示，汇丰在巴西、印度、印尼、菲律宾、墨西哥等地有着丰富的开展农村金融服务的经验，能够将这些经验带入中国。

汇丰银行主席郑海泉表示："中国农村地区有着巨大的经济发展潜力。我们的村镇银行将满足迅速发展的中国农业领域的需求，为各乡村团体和企业提供定制的金融服务。"

王政华　文

（2007年8月10日）

2．汇丰银行上半年业绩受益于本地注册

汇丰控股称，由于本地注册使得汇丰银行能够经营几乎所有的人民币零售业务，汇丰银行2007年上半年在大陆的盈利增长近70%。

作为在4月份首批成立的四家外资法人银行之一，汇丰前六个月在大陆的税前利润达4.73亿美元，同比增长69%。而其全球的平均增

长率仅为13%。汇丰集团的主要成员之一，于5月底在上海成立法人银行的恒生银行也表示其上半年在大陆的营业收入增长了86%，贷款增长21.3%，存款增长42.7%。

本地法人资格同样也会促进其他外资银行在大陆业务的快速增长。汇丰集团主席葛霖称："汇丰作为领先的国际银行的地位在内地进一步得到了巩固。本地注册后的业绩增长强劲，贷款同比增长超过50%，资产同比增长26%。"

2007年上半年，汇丰银行在内地新增七个网点，并新招聘800多名员工。

葛霖称："我们凭着领先业界的财富管理服务专长，抓住了股市炽热和大批内地企业纷纷来港上市的商机，又继续发挥作为香港领先金融机构的优势，扩展贸易融资和保险等业务。由于通过香港进入中国内地的外国投资增加，带动内地服务业和地产业的蓬勃发展，也为汇丰开拓了机会，增加了收入。"

王政华　文

（2007年7月31日）

3. 汇丰落子西部，继续扩张内地网络

欧洲最大的银行，汇丰银行计划在中国银行业全面开放以后，在大陆设立更多的分支机构。

2006年底，汇丰西安分行正式开业，成为银行业全面开放后，首家在西部落户的外资银行。汇丰中国业务总裁翁富泽称："我们很高兴能够在中国西部扩展我们的网络，以我们国际化的银行服务支持中国西部大开发的政策。"

他认为，作为陕西省省会的西安，近年来不断完善投资环境，吸引了众多国内外投资者。汇丰西安分行的开业可迎合其金融需求。

2006年12月初，汇丰在广州新开了一家支行。目前其内地网络已

达29家，包括14家分行，15家支行，成为在大陆网络最大的外资银行。翁富泽告诉记者："明年，我们将继续扩展在内地的网络。"但他拒绝透漏具体的计划，称新增网点的数量在很大程度上取决于监管机构的批准，以及银行自身是否有能力招聘到足够的员工来管理新的网点。

汇丰也是继东亚银行之后，在西北地区第二家开业的外资银行。为支持国家西部大开发的战略，银监会设立了绿色通道，为外资银行申请在西部设立分支机构提供快速简便的审批机制，鼓励外资银行到西部发展。银监会称其正在考虑研究制定更优惠的政策，以鼓励外资银行在西部地区开展人民币业务。

汇丰银行拥有中国第五大银行——交通银行19%的股份，已经在中国西部建立了两家分行，分别位于中国西南部的重庆和四川省的省会成都。

郑立飞　文

（2006年12月23日）

4. 汇丰入股交行

香港上海汇丰银行将出资17.5亿美元收购交通银行19.9%的股份，两家银行于2004年8月正式签署协议后这样宣布。

在签字仪式后，交行董事长蒋超良称交行计划于2005年上半年在香港上市。交行为我国第五大银行，也是我国最大的股份制商业银行。该交易仍有待监管部门批准。此项交易将成为外资入股我国金融业最大的投资。它将帮助汇丰银行在众多外资银行看好的中国金融市场站稳脚跟。

汇丰控股集团主席庞约翰爵士表示："汇丰入股交行是汇丰在中国的最大一笔单项投资，同时也将是汇丰在华的最后一笔投资。我们将专注于与交行的合作，相信我们的合作一定会成功。"

汇丰目前拥有上海银行的部分股份，并通过其集团成员之一的恒生银行拥有兴业银行15.98%的股份。

庞约翰表示汇丰将受益于交行庞大的网络。交行目前在国内137个城市设有2700家分支机构。庞约翰同时表示双方将成立信用卡合资公司，发行联名卡。目前在国内，信用卡业务才刚刚起步，拥有巨大的发展潜力。

引进战略投资者是中国的商业银行为提高自身竞争力，更好的面对外资银行的挑战的办法之一。其他的方法还包括处置不良资产及上市。交行行长张建国指出，引进汇丰作为战略投资者，对交行来讲，不仅仅是为了补充资本金，优化股权结构，实现股权结构的多元化，更重要的是引进先进的经验，尤其是公司治理，新产品开发，风险控制等方面的经验。

蒋超良表示与汇丰的签约表示交行已经完成了改革三部曲的第二阶段。第一阶段是财务重组，而第三阶段是上市。

通过国家、其他股东及社保基金的注资，以及发行120亿元次级债券，处置410亿元呆坏账，交行已大大提高了其资本实力。 通过以上的措施，交行目前不良贷款率仅为3.34%，资本充足率达到8.82%。蒋超良希望交行能“尽快赶在中行和建行之前上市，由于这两家银行上市规模较大，如果在交行之前上市，无疑会对交行产生负面影响”。但他表示应该不会赶在2004年年底上市。他说：“我们希望避开西方的节假日，因为考虑到投资者可能在该时间段度假以及投资机构资金预算已近用完。”

而通过入股交行，汇丰在中国金融市场抢占了先机，领先于其主要的竞争对手花旗银行与渣打银行。有报道称花旗银行有意入股四大国有银行（工行，建行，中行，农行）之一。目前花旗拥有上海浦东发展银行近5%的股份，双方已于2月份成立了信用卡合资公司。

而据路透社报道，三分之二盈利来自亚洲的渣打银行，正与几家内地银行商讨入股的可能性。

许炳澜　文

（2004年8月7日）

全球性整合

——访国际商用机器公司（IBM）中国区首席执行总裁钱大群

在过去几年中，为成为一个全球性整合的公司，IBM 开始了一个战略转变。中国和印度成为这个转型中的两个重要元素。而这一转型的成果也是令人瞩目的：在第二季度中，IBM 中国收入增长了 30%，而全球的增长则为 9%。在采访中，IBM 大中华区首席执行总裁钱大群就中国在全球转型中的作用和中国战略做出了总结和展望。

问：IBM2006 年宣布把全球采购中心迁到了深圳，这也说明中国市场的重要性日益增加。在 IBM 向全球性整合公司的转变中，如何定义中国市场的作用？

答：请允许我首先来分享一下我们的全球战略。

在 20 世纪 90 年代初期，IBM 前董事长兼首席执行官郭士纳先生领导了公司的一次转型。许多人对那个过程给予了极大的关注。事实上，我们内部现在的共识是，我们正在进行的转型甚至比 90 年代那次还要重要。

90 年代初期，IBM 遇到了很多困难，但在过去两三年中，

IBM实际上做得很不错。于是，当你在业务顺利的情况下，要实现转型其实将更具有挑战性。

如果我们看一下全球性整合的背景，我们会发现，以中国和印度为代表的国家和地区，知识劳动力涌现，这正在深刻地改变着整个产业。在IBM诞生后很长一段时间，它和许多中国公司现在做的一样：尽管它被称为是一个跨国公司，还是以美国做为基地，包括在那里生产、研发，并从本国供应给其他国际市场。这是国际化的第一个阶段。

第二次世界大战后，不少国家采取了保守主义的态度，以便保护国内市场。所以在日本，IBM也设立了和美国类似架构的部门。与第一阶段不同的是，IBM日本也有当地的研发、制造、销售和支持部门。

而在第三波浪潮中，变革来的更加剧烈。如果今天你去IBM日本的话，你会发现，它的人力资源功能是在马尼拉实现的，财务和会计工作是在吉隆坡完成的，而硬件的采购则是在深圳。

在此形势下，中国会扮演什么角色？我想主要有两方面：

首先，我们是否可以继续为客户提供更多的价值和更好的服务。其次则是随着中国经济的成长，中国被看作是一个创新和全球服务的中心。所以在1993年，我们在跨国公司中率先成立了研发中心，接着成立了应用开发实验室，后者现在已经有3000多员工，是IBM全球最大的实验室之一。我们在这里做的是高端的服务开发，而不仅仅是低劳动力成本的工作。

作为一个全球性整合的公司，我们在中国的人才也为国外客户提供支持。到上半年为止，我们在中国一半的员工是服务于国际客户的。

问：*在全球性整合的过程中，IBM有什么计划？*

答：当我们在2005年把个人电脑业务出售给联想时，很多人开始关注IBM自身是怎么转型的？他们可以从中学到什么？我认为IBM可

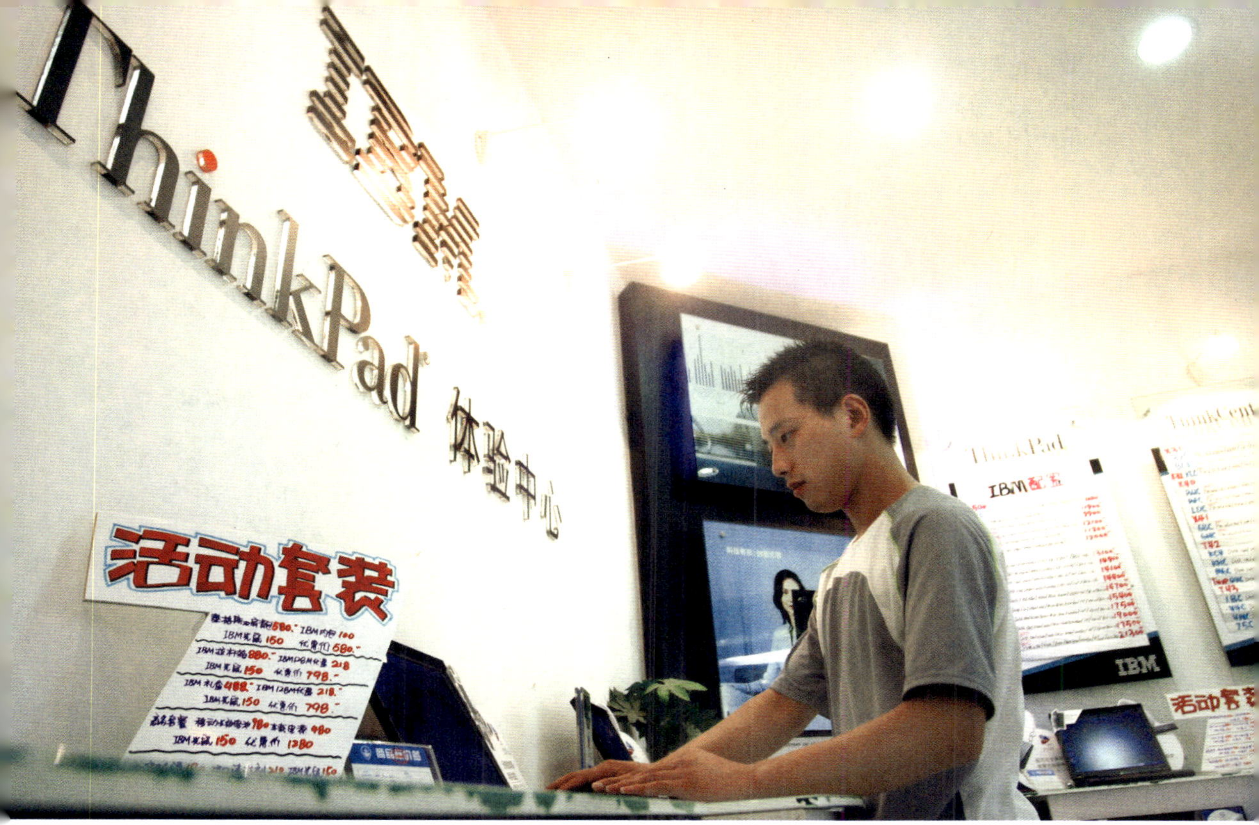

以帮助中国公司实现转型。一个典型的例子是，许多中国公司都已经强大起来，开始向国外拓展，比如华为和联想。在它们的海外发展过程中，IBM 也可以为它们带来价值，在华为我们帮它搭建全球性的金融体系，而在联想我们则是参与到它全球 IT 系统的建设。

另外一个 IBM 可以提供价值的地方是，从 2001 年中国加入世界贸易组织以来，很多国内公司都加快了发展的步伐，希望增强应对来自开放后外国竞争对手的能力。

即使在那些正在积极建设和谐社会、缩短城乡差距的政府部门，信息技术也可以起到很大的作用。在南京的玄武区，以前不同的部门用的是不同的电脑系统。而现在，他们应用了“面向服务架构”技术，从而这些千差万别的电脑系统被用一种简单的方式联系起来。以前需要六天才能完成的一个审批，现在一天就可以完成。

能源消耗在中国是个热门话题。IBM 在全世界的数据中心中曾有多达3900台的服务器。它们加起来比几个足球场还大。最近我们利用节能和虚拟化技术，把这些服务器整合成30多台，由此节约的能源相当于一个美国大城市的电力消耗。如果中国也采用类似的技术，能源的节约将是巨大的。

两个星期前，我去了大连。IBM韩国也带了150个客户到那里。所以，我们另外一个可以给客户带来价值的领域就是，当跨国公司来到中国后，IBM也可以在它们在华的发展中起到作用，对它们提供我们的经验。

问：IBM正在向全球性整合公司转变。那么IBM中国是否有计划成为一个全国性整合的公司，可以根据中国各地不同的资源特点开展自己的业务？

答：在中国，我们从几个角度来看这个问题。首先，我们必须与客户靠得更紧。在北京、上海、广州和深圳这几大城市，IT支出占全国大约45%。我经常问自己和同事，在这几个大城市之外的业务是否也能占到我们自己的55%？因此，除了在行业上加强力量外，我们也在扩大分支机构。2007年我们就新开了4个办事处，使总数达到了26个。

第二个方面是，我们根据各地人才的特点，在不同的地方设立不同的业务部门，比如我们在大连和成都的应用服务中心。

另外我们也在观察的一个方面是，IBM如何把自己的品牌和产品带到26个办事处之外的300个城市中。2006年，我们启动了蓝天计划，与系统集成商和独立软件开发商建立伙伴关系。今年，我们又启动了渠道大学。因为我们发现，很多经销商在业务规模做大之后，对于提高管理水平有着很强的需求，比如如何控制人才流失的比例、如何对增长进行管理。所以，这个渠道大学不仅培训关于IBM的产品和服务，而且加入了管理技巧。

刘百家　文

（2007年10月10日）

与联想的交易合乎 IBM 的战略

——访 IBM 大中华区董事长
兼首席执行总裁
周伟焜

1985 年，39 岁的周伟焜成为国际商用机器香港总经理时，IBM 被亲切地称为“蓝色巨人”。这个昵称反映了 IBM 的业务规模和发展的稳定性，当然也意味着它那著名的大型机。

现在，作为 IBM 大中华区董事长兼首席执行总裁，周伟焜更喜欢听到他的公司被称为“深蓝”。对他而言，深蓝意味着更加专业和专一，深蓝也意味着在某些时候必须学会放弃。

IBM 曾经成功地普及了个人电脑，使之成为人们生活不可或缺的因素。而今，它要卖掉这项业务，来集中精力做自己最擅长的事。

除了成功，别无选择

经过了长达 13 个月的谈判和市场传言后，这个世界上最大的信息技术公司在 2004 年 12 月 8 日宣布，中国电脑厂商联想集团以 17.5 亿美元的代价收购了 IBM 的个人电脑业务。许多分析师都说，IBM 现在终于甩掉了这个亏钱的包袱。

不过周伟焜并不这么认为。“这其实是天作之合，我们双方的互补性非常强。”他在交易宣布后的第一次IBM正式媒体采访中说。他认为此次的交易非常符合IBM聚焦服务业的战略。个人电脑业务由于面向中国的消费者，所以也需要更多的资源投入，对成本控制的要求也很高。IBM希望把金钱和人力资源更多地投入到高端企业应用、提供有效解决方案和服务上，而不是打价格战。

在与几个潜在收购对象联系过之后，IBM把眼光放到了联想的身上。“现在几乎全世界的目光投向中国，所以我们认为与一个中国公司合作是最好的选择，”周伟焜说。他认为并购了IBM电脑业务的新联想集团体现了当前的两大趋势：中国迅速发展的经济和强大的制造能力，以及变革中的个人电脑产业。新联想的成功将更大取决于其员工的努力。IBM这个使个人电脑普及的IT巨头不愿意看到在这项并购中声名扫地，而联想也不会接受失败的结果。

联想的手机业务目前并不是很成功，IT服务也没有做起来，在国内的电脑市场也遇到了瓶颈，所以国际业务成为一个关键。因此联想必须确保这笔收购能成为一个成功的交易。联想善于成本控制，而IBM的品牌、销售网络和融资能力都会对新联想带来促进。在收购完成后，联想已经跃居为全球第三大电脑厂商。

在两家公司于2004年12月8日宣布这笔交易时，在其中起到重大作用的周伟焜却早早地离开了会场。他回到办公室后做的事情是，马上开始给关键客户致电，倾听他们对这笔交易的想法。他说，客户们最大的担心是，联想是否可以继续提供像IBM以前那样质量的产品和服务。

周伟焜也知道，在公司中会有一些员工对于合并后的未来感到担心，但是他告诉他们，在新的公司中会有更多的机会，因为个人电脑业务员对于新联想来说还是一个增长迅速且有着美好前途的领域。

并不仅是出售

对于周伟焜而言，与联想的交易并不是简单地卖掉 IBM 的个人电脑业务，从而发挥两个公司各自的优势。也不仅仅是 IBM 与联想的一个合作，而是 IBM 选择了与中国整合 IT 产业共同成长。联想在实现 IBM 核心业务的战略中是个关键的伙伴。IBM 同时也取得了在五年内为联想提供 IT 服务的合同。

随着“随需应变”成为 IBM 搭建可信赖服务的关键部分，这个美国巨头可以将精力更多地集中在服务领域。企业们并不需要全部建设自己的 IT 系统，它们也可以选择把这个功能外包给 IBM 这样的公司，这也已经成为全球商业界的一个潮流。

由于专业的服务，IBM 已经在全球赢得了很多大型的合同，但是它还需要在本土 IT 公司中有一些突破，找到一些著名的样板。以联想在国内企业中的影响力，与联想的合作将为 IBM 提供这样一个机会。

作为德国软件巨头 SAP 最早的客户之一，联想成功地实施 SAP 软件已经成为不少公司的榜样。联想在成本上的优势也可以让 IBM 以一个更低的价格为世界各地的客户服务，毕竟成本在不少时候仍然是赢得客户的一个关键因素。

在 Linux 操作系统和相关的开放源代码软件上，IBM 也投入了很大精力，以便与微软的专有软件抗衡。IBM 积极推动 Linux、相应的办公软件和其他软件，因此被认为是微软最大的威胁之一。在微软内部的会议上，IBM 也被列在最危险的敌人名单之中。

与之相对应的是，IBM 在北京刚刚成立了中国软件开发实验室。这是 IBM 在全球第五个此类机构。IBM 打算在年内招募 2000 名研究人员，其中 600 人开发与 Linux 相关的软件。与联想的合作使 IBM 的软件可以和联想的电脑配套使用，这样也可以相应地打破微软对业界的控制。

作为世界上最著名的半导体公司之一，IBM 也启动了一个芯片项目。这个蓝色巨人于 2004 年 12 月 2 日在北京发布了 power.org 网站，宣布与14家公司成立一个开放标准的芯片联盟。Power.org这个网站将为合作伙伴开放IBM Power处理器的标准和技术规范，从而使其可以应用到消费电子、网络、汽车系统和IT设备中。

由IBM持股80%与长城电脑集团组成的国际系统技术有限公司，将开始生产使用这种芯片的IBM eServer P系列的服务器。"IBM会继续使用英特尔的芯片，但是我们在半导体上的研发和投资不会因此而停止，"周伟焜说道。

Power.org联盟中已经包括了一家来自中国的软件开发商和半导体制造商，如果联想也可以加入的话，Power芯片将有可能成为完全在中国设计的主流产品。

刘百家　文

（2004年12月22日）

超级链接

技术巨头加强聚焦服务

IBM在中国投入的重点将从制造业转向技术服务和创新，这个全球技术巨头的高层领导昨天在北京指出。

“我们的业务正在改变，所以我们的在华投资策略也要随之调整。”IBM负责中国和印度市场业务拓展的副总裁麦克·凯农·布鲁克斯说道。他表示，蓝色巨人会更多投向信息技术服务、业务转型、Linux操作系统和人才的开发。迄今为止，IBM已经在华投入了数10亿美元。

2005年，IBM在中国采购了价值18.9亿美元的硬件设施。

昨天，IBM董事长、总裁兼首席执行官彭明盛在北京指出，科技产业中成长最迅猛的技术服务会成为IBM在华投资的重点。与此同时，中国区也已经成为IBM增长最快的市场之一。在第三季度，IBM中国收入增长了27%，而全球的增长则是5%。

服务对IBM至关重要，对于正在努力从一个世界制造中心向产业链上游延伸的中国来说，也是尤为关键的。中国教育部和IBM昨天签署了一个谅解备忘录，即在50多所中国大学中设立服务科学和管理工程的硕士和博士课程。

IBM大中华区董事长兼首席执行总裁周伟焜指出，IBM已经和教育部合作了十多年。这项新的合作的目的是为中国培养世界级的服务科学人才，并提供IBM在商业转型中的经验，以便帮助中国成为一个创新性国家。

在过去十二年中，IBM已经投入1.8亿美元与中国教育机构合作，但是他拒绝透露此次合作的投入规模。

刘百家　文

（2006年11月15日）

从中国起飞

——访汉莎航空集团总裁兼首席执行官沃尔夫冈·麦亚胡伯

沃尔夫冈·麦亚胡伯（Wolfgang Mayrhuber）的话在全球航空行业绝对有分量。作为德国汉莎航空集团总裁兼首席执行官，同时还是欧洲航空公司协会主席，麦亚胡伯此次中国之行发出的最重要的一个信号就是：欧洲非常重视中国航空市场的发展。

此次中国之行是2006年麦亚胡伯新年伊始的第一趟差，其实他每年至少来中国一次。作为汉莎最重要的国际市场之一，中国不论对汉莎的客运，还是其他诸如货运、飞机维修、航食、旅游、航空IT技术服务等业务来说，都是一座巨大的金矿。

“我们的目标是让所有业务都在中国开花结果，”麦亚胡伯对记者说。“我们所有的业务都已经落户中国。我希望他们都能成为各自行业领域里的佼佼者。”

汉莎航空的中国业务在欧洲航空公司中名列前茅，目前拥有来往中国和欧洲最多的航班。

就市场表现来说，中国市场是汉莎亚太区的佼佼者。过去四年中每年乘客数都以20%~25%的速度增长。中国已经取代日本成为汉莎在亚洲最重要的市场，其业务量占汉莎整个亚洲市场的50%。汉莎1980年开通飞往中国大陆定期航班时每周只有3个航班，而目前每周已达31个航班，且用的几乎都是能载400多名乘客的波音747客机。（注：到2007年7月，汉莎每周有38班飞往中国大陆的航班。）

在其他欧洲航空公司竞相争夺中国市场份额的同时，汉莎计划通过增加已开航城市的运力和开通新航线的方式来保持其领先地位。但是麦亚胡伯不愿透露汉莎下一步将会进军哪一个中国城市。

“我可不愿我们的竞争对手知道我们在想什么，”他说。他谨慎的态度恰恰体现了目前欧洲航空公司在中国的竞争有多激烈。汉莎的老对手法国航空公司和英国航空公司最近都增加并开通了飞往中国的新航线，像欧罗巴航空这样的小公司也密切注意中国市场。这家西班牙的公司2005年开通了飞往中国的航线，并打算在未来三年内开通飞往北京和上海的每日航班。

由于北京、上海、广州这三大城市每天都有多次飞往欧洲的班机，因此选择下一个目的地必须谨慎。麦亚胡伯说：“我们总想跑在最前面，但是我们决不会飞不赚钱的航线。汉莎的目标是赢利，而不是单纯的追求市场份额。”

客运不是全部

客运、货运和飞机维修目前是汉莎最主要的利润来源。汉莎的业务还包括航食、IT服务和旅游。

麦亚胡伯说：“我们在中国的发展才刚刚起步。中国的市场太大了，我们必须要有足够的远见。”

汉莎货运2004年在深圳分别成立了两个合资公司：深圳机场国际货站有限公司和翡翠国际货运航空有限公司。深圳机场国际货站有限公司由汉莎货运与深圳机场各占50%股份，在华南从事国际货运处理业务。在翡翠国际货运航空有限责任公司中，深圳航空公司拥有51%

的股份，汉莎货运占25%股份，其余股份由德国投资与开发有限公司拥有。

北京飞机维修工程有限公司(Ameco)是麦亚胡伯这次中国之行的第一站。该公司成立于1989年，是中国第一家飞机维修合资公司。中国国际航空公司占60%的股份，汉莎占40%的股份。

“北京飞机维修工程有限公司就像我的孩子一样，我对它有着特殊的感情，”麦亚胡伯说。在为汉莎服役的三十多年中，麦亚胡伯有二十多年都担任汉莎维修业务的多个管理职位。他在汉莎航空技术公司1994年成为汉莎集团下的独立公司时当选为主席。在他的领导下这家公司迅速成长为世界领先的飞机维修公司。因此，他从一开始就全程参与了北京飞机维修工程有限公司的创办。

北京飞机维修工程有限公司在中国的业务最近几年一直保持着每年两位数的增长，这得益于中国公司日渐庞大的机队，同时也由于欧洲和美国的航空公司逐渐把维修业务外包给中国以节省成本。北京飞机维修工程有限公司2005年创收17亿人民币，增长了20%。

汉莎航空餐食服务有限公司（汉莎天厨）目前占中国航食市场的11%。在上海、香港、西安、成都、杭州和南京都有服务中心。公司计划未来两年将其市场份额增加到30%。汉莎天厨2004年与广州白云国际机场合资成立了新广州白云机场配餐公司，汉莎天厨占30%的股份。

IT服务和旅游是汉莎目前中国业务最小的部分。汉莎为上海航空公司提供航班安排系统。汉莎的托马斯·库克旅游公司（Thomas Cook）目前在中国还没有建立办事处，不过已经组织旅行团到中国旅游。

国际巨人

汉莎于2005年获准兼并瑞士航空公司。汉莎的网站显示瑞士航空公司将于2006年和2007年完全并入汉莎集团。

麦亚胡伯表示汉莎还可能有其他并购。“但是我们的选择会非常谨慎，”麦亚胡伯说。“我仍然坚信欧洲的航空业需要整合，因为市场上有太多公司在竞争，无法保证行业长期的持续发展。”在欧洲60%~80%的航班其实只飞不到一个半小时。

“欧洲有许许多多的小国家和许许多多的小航空公司。如果航空业完全由市场主导，你必须要规模足够大才能在国际上具有竞争力。而成为国际性公司，你必须控制一片天空，要么通过自身的内部增长，要么通过并购。其实合作对我们来说既有利于降低成本，又能帮助我们树立世界的领先地位。”

汉莎在2005年前9个月税后利润达到4.16亿欧元，比前一年增长了154%。

麦亚胡伯说，在石油价格飞涨的情况下汉莎还能保持赢利完全得益于成本控制和在一些吸引顾客的产品上所做的投资。

汉莎两年前启动了一项成本控制计划，目标是到2006年底节省12亿欧元的开支。汉莎同时还调整了一些亏本的业务。比如在航食业务这一块，五年里砍掉8000个职位，并卖掉一些非核心业务，在美国关掉了11个客户服务中心。“我认为每一个业务都必须有核心竞争力，如果没有就应该卖掉，”麦亚胡伯说。“对于不挣钱的业务，要么解决它的问题，要么就关掉它。”

与此同时，汉莎2005年又大力投资改善其客运服务，包括新的公务舱座椅和新的机上娱乐设施等等。候机楼也为头等舱客人提供特殊服务，商务旅行者在机场还有特殊通道。

“如果你能节省1亿欧元的成本，就意味着你有5000万欧元可以用来再投资。今天的投资就是明天的利润，”麦亚胡伯说。

汉莎鹤舞中国八十载

2006年9月为庆祝汉莎进入中国八十周年，汉莎航空集团总裁兼首席执行官沃尔夫冈·麦亚胡伯率领汉莎集团高级领导层以及VIP客户到访中国，并展开了一系列活动以展示汉莎对中国市场的信心和承诺。在此期间，麦亚胡伯先生与记者陆浩婷和王钰谈起了汉莎的中国策略。

问：汉莎目前的中国业务囊括了客运、货运、维修、航食以及航空信息技术服务。哪一块业务是汉莎最大的利润来源？未来汉莎将在中国重点发展哪一块业务？

答：作为一个航空集团，汉莎在中国的每一块业务都在各自领域处于领先地位。汉莎将继续加大在中国的投资并与合作伙伴紧密合作。目前客运业务仍然是集团利润的主要来源。但是其他业务也都发展迅速：上个月（2006年8月）我们的翡翠货运开航。最近北京飞机维修工程有限公司又宣布开始建造A380超大客机的维修机库。我们的前景十分光明。

问：中国在汉莎的全球战略中处于什么地位？

答：中国对我们来说绝对是一个极为重要的市场。目前我们在欧洲和中国之间的航班联接处于领先地位。在过去的五年中，我们每周到中国大陆和香港的航班都翻了一倍多。到中国的航班数量已经超过了到日本的数量。在连接各大洲的航线上，中国在汉莎网络中排名第二，仅次于美国。

未来几年我们会加大发展力度，并与合作伙伴共同成长。我们目前已经取得的成绩为将来的发展奠定了坚实的基础。

另外，我们与中国国际航空公司（国航）的合作硕果累累。相互信任，专业以及公平、公正精神是我们和国航合作的基础，也是中德合作的典范。

面对越来越激烈的市场竞争，我们已经做好准备，用密集的航班频率，稳定、准时和可靠的服务，以及（通过与合作伙伴代码共享）连接中国内地城市的网络来迎接竞争。我们相信在中国我们会比竞争对手飞得更高、更远。

问：2006年汉莎打算增加到中国的航班次数吗？汉莎在中国的核心策略是什么，对未来发展有什么具体的计划？

答：目前我们每天都有从法兰克福和慕尼黑到北京、上海和香港的直飞航班，另外还有法兰克福到广州的每日直飞航班，总计每周52个航班。另外，通过与其他星空联盟航空公司，以及国航和上海航空公司（上航）的合作，汉莎还可以提供到另外十二个目的地的航班。在中国到欧洲的航线上，我们已经处于领先地位，占座位总数的14%。

我们未来几年的目标是巩固这一领先地位，争取比竞争对手发展得更快。我们航线网络规划的质量将决定能否实现这一目标。我们订购的空客A380超大型客机一旦加入汉莎机队就会投放到中国航线上。另外，汉莎也会大力支持国航和上航加入星空联盟。汉莎将继续推进代码共享合作，让欧洲旅客更方便地到达中国更多的城市。2008年北京奥运会也将给汉莎的客运增长带来更大的机会。

问：2005年我们采访北京飞机维修工程有限公司时听说正在建造一个多机位的维修机库，能同时容纳两架空客A380，两架波音747-400，和两架波音777-300ER。目前这个项目进展如何？北京飞机维修工程有限公司能够为A380这一超大客机提供怎样的服务？

答：北京国际机场将于2007年使用第三条飞机跑道和第三个航站楼。北京飞机维修工程有限公司也会增加一个新的维修机库，主要是为了国航这一主要客户。这个新机库从设计时就考虑到为A380飞机服务。A380将在中欧航线上扮演一个特殊的角色。汉莎将会是第一个将这款飞机用于中国航线的欧洲航空公司。我们的航线网络战略设计师目前正在考察中国的三个目的地：北京、上海和香港。

问：*您如何评价北京飞机维修工程有限公司17年来的发展？未来有什么发展计划？*

答：北京飞机维修工程有限公司成立于1989年。它是中国领先的航空维修企业，是汉莎在中国最成功，同时也是规模最大的合作项目。北京飞机维修工程有限公司的建立是汉莎和国航成功合作的开端。它已经成为中国最大的航空维修企业。在最初的15年里已经完成大约1000架飞机的大修，喷涂126架飞机，检修2000多个飞机引擎，维修了20多万个飞机部件。

2004年汉莎和国航将合资合同延长了25年。合资给国航带来了稳定可靠的维修服务，同时也让汉莎享受到亚洲飞机维修市场蓬勃发展所带来的巨大机遇。

北京飞机维修工程有限公司将有3亿美元的投资计划，主要用于新的机库、材料库、设备工作间、维修延伸服务和引擎维修。

陆浩婷　文

（2006年2月13日、9月26日）

中国飞机维修巨人崛起

——访北京飞机维修工程有限公司总经理
汉斯·史密茨和首席执行官柴维玺

这绝对是令人兴奋的一年。

2006年北京飞机维修工程有限公司将迎来一个接一个的剪彩仪式。

2006年春天北京飞机维修工程有限公司将破土动工四个项目：一个可同时容纳两架空客A380，两架波音747-400，和两架波音777-300ER的多机位的维修机库；一个单机位的大修机库；一个喷涂车间；还有一个新的仓库。这些将于2008年完工的项目将使其飞机维修能力在2008年翻一番。“而这其实只是我们长期发展计划的第一阶段。”北京飞机维修工程有限公司总经理汉斯·史密茨（Hans Schmitz）在采访中透露。

作为国航和汉莎的合资企业，北京飞机维修工程有限公司似乎独享了两家母公司的吉祥标志——凤凰和仙鹤—— 所带来的好运。史密茨说北京飞机维修工程有限公司的年销售额在未来四年将一直保持两位数的增长，而2005年的营业额预计达到17亿人民币，比前一年增长20%。

“这主要是由于中国航空公司正积极扩展他们的机队规模。国航和其他国内航空公司的机队在 2005 年都有很大幅度的增加，”史密茨说。

面对中国航空市场每年两位数的增长，国内航空公司正积极更新和扩展自己的机队以满足日益增长的空中旅行需求。空中客车公司预测中国未来二十年将会是仅次于美国的世界第二大航空市场。

北京飞机维修工程有限公司首席执行官兼总经理柴维玺对记者说，中国航空公司的机队规模未来五年将翻一番。目前中国有 800 多架在役飞机。“这样的机队扩张已经使中国成为亚洲成长最快的飞机维修市场，”柴维玺说。

亚洲目前是仅次于北美和欧洲的世界第三大飞机维修市场。但是就增长速度而言，亚洲市场保持每年 7%以上的速度，是全球成长最快的市场。根据航空策略管理咨询公司（Aero Strategy Management Consulting）的预测，中国飞机维修市场的规模到 2014 年将达到 25 亿美金，而全球飞机维修市场从 2004~2014 年的年平均增长速度为 5.6%。

史密茨说旺盛的国内需求其实只是一部分，另一个巨大的客源是欧美的航空公司。这些公司正将飞机维护外包，以节省成本。

高位运行的航油价格已经导致许多航空公司入不敷出。美国七大主要航空公司中已有四家申请了破产保护，欧洲航空公司也同样苦不堪言。许多航空公司都在寻找出路的同时，开始节省自己的飞机维修成本。空中客车公司数据显示，目前空客在全球有 39%的飞机是由专业的飞机维修公司维护的，而这一比例到 2015 年将增加到 47%。

美国联合航空公司 2005 年 8 月将其整个波音 777 机队的维护任务包给北京飞机维修工程有限公司。这个五年的合同价值 3000 万美元，是北京飞机维修工程有限公司在北美市场获得的最大单一合同。预计在前三年，将有逾 50 架次波音 777 飞机在北京飞机维修工程有限公司的机库做大维修，整个五年的飞机交付量将达到 80 架次。

柴维玺说：“世界主要的航空公司都在密切注视着我们如何完成美联航的任务。我们的工作质量将直接决定 2008 年后的工作量。”目前，北京飞机维修工程有限公司已经完成了美联航的头两架飞机的维修，第三架很快就会在规定时间内完成。

中国的劳动力成本低是北京飞机维修工程有限公司的一大优势。劳动力成本一般占整个机身维护成本的70%，而材料只占30%。“我们的起点非常好，所以我们可以拿出更具竞争力的方案，”史密茨说。

但是，他说价格也只是其中一个优势。“我们要证明我们可以在较短的时间内提供相同质量的服务，”史密茨说。

一架波音747飞机如果在地面上多停留一天就会给航空公司带来50000美元的额外开支。“航空公司可不想让他们的飞机整天停在机库里。因此我们必须证明我们真的比一般的飞机维修公司优秀，”史密茨说。

眼见为实

史密茨担任北京飞机维修工程有限公司总经理已经两年多了。他总是骄傲地带着来访者参观公司。而这些来访者包括美国联邦航空局和各主要航空公司的高层。

史密茨说：“他们对看到的一切都大为震惊，因为他们根本就没有料到我们的能力。过去外国公司总是很怀疑中国的飞机维修能力。”

这种偏见在1989年北京飞机维修工程有限公司建立之初的确存在。当时，北京飞机维修工程有限公司是中国第一家航空维修合资企业，国航占60%的股份，汉莎占40%。北京飞机维修工程有限公司成立时的主要定位是为中国引进先进的技术和管理，同时也是为了更好地服务中国的国航。

而现在北京飞机维修工程有限公司的发展重点已经变成同时服务国内和国际两个市场。目前，公司为国航所有机队提供整套的维修服务，同时也服务国内其他公司和30多个国家和地区的航空公司。

2004年8月国航和汉莎又将合资合同续签了25年，同时计划在接下来的四年中投入1亿美元的资金。2005年11月，北京飞机维修工程有限公司还在新加坡举办的亚洲航空维修博览会上获得“最佳亚太航空维修服务公司”称号。柴维玺说，“我们的目标是到2008年成为国际一流的航空维修服务公司。”

2004年北京飞机维修工程有限公司成立了一个新的部门。这个部门一共有九个人，专做公司未来15年的发展规划。史密茨说："市场增长得太快了。我们经常感到压力，因此必须看得足够远，从而制定出发展规划。"

在开展各项大兴土木工程的同时，北京飞机维修工程有限公司的另一个主要项目是扩大培训设施。史密茨说，在业务不断扩展的同时，公司的人才队伍建设必须跟上。其员工数量在过去几年中每年增加5%，仅2005年就新雇用员工400人，相当于整个员工队伍的10%。

"修机场、建机库其实是最简单的，找到和培养足够的、有经验的飞行员和工程师、机械师才是最难的，"史密茨说。"而这恰恰是中国飞机维修行业面临的最大挑战之一。"三年前，北京飞机维修工程有限公司的培训中心每年培养60~80个毕业生，而2005年就培养了120个毕业生。与此同时，北京飞机维修工程有限公司还与中国民航大学，北京航空航天大学，西北工业大学展开合作，寻找年轻人才。

"北京的人口是瑞典的两倍多。很多年轻人都在找机会进入航空业工作。所以，我相信不会有太严重的人才短缺问题，应该会有足够的人才供我们选择和培训，"史密茨说。

陆浩婷　文

（2006年1月9日）

超级链接

1．翡翠货运：汉莎中国布局关键一招

昨天汉莎航空集团高层表示，中德第一家合资航空公司——翡翠国际货运航空有限公司——将在汉莎中国的整体布局发展中扮演关键角色。

汉莎航空集团主席兼首席执行官沃尔夫冈·麦亚胡伯昨天参观位于深圳的翡翠货运时说："我们要加强在中国的所有业务，汉莎在中国会成为一个强有力的品牌。当人们一想到和欧洲做生意时，首先跳入他们脑海的就是汉莎。"

汉莎在翡翠货运中占25%的股份。这是中国政府允许外资投资中国航空公司的上限。深圳航空在翡翠货运中占51%，其余股份由德国投资与开发有限公司拥有。

翡翠货运于2006年8月5日首飞，开通深圳到阿姆斯特丹的航线。公司计划到2008年建设一个拥有6架波音747—400货机的机队。航线网络将覆盖欧洲、亚洲以及跨太平洋地区。

汉莎董事会董事史蒂芬·劳尔（Stefan H. Lauer）昨天表示尽管翡翠货运位于深圳，离香港这一国际货运门户仅"一步之遥"，但其业务不会受太大影响。"我们并不是要抢走香港的货源。珠江三角洲地区是一个世界制造基地，因此这里的货源能够由三个机场分担，也就是香港、广州和深圳，"劳尔说。"深圳机场目前还没有发挥其最大作用。我们希望随着翡翠货运的起飞，深圳将会有机会扮演它应该扮演的角色。"

劳尔说，目前太多货运航空公司都挤在长江三角洲地区。随着一连串新货运合资企业的成立，上海的货运能力日渐提高。例如：由新加坡航空占25%股份的长城货运拥有两架波音747—400货机，6月开通了上海到阿姆斯特丹的定期货运航班。由上海航空股份有限公司和

台湾长荣航空集团下的两个公司合资成立的上海国际货运航空有限公司（上货航），也于7月开通上海到洛杉矶的货运航线。上货航目前只有3架货机，计划到2010年扩展到10架。

与此同时，中国国际航空公司正与国泰航空酝酿在上海成立一家货运合资公司。

昨天，劳尔否认了汉莎将会购买上海浦东国际机场新货运站股份的传言。但是他表示汉莎与上海机场集团于1999年成立的合资公司——上海浦东国际机场货运站有限公司——将延伸其服务，在新的货运站扮演积极的角色。汉莎在该合资企业中占有29%的股份。

中国目前是汉莎在亚洲的最大市场，占其全球营业收入的15%。客运、货运和飞机维修是其在中国的主要利润来源。

陆浩婷　文

（2006年8月17日）

2. 与A380同行

作为空客A380超大型客机在欧洲的最大用户，德国汉莎航空公司订购了15架空客A380客机，另外还有五个意向订单。汉莎的首架A380将于2009年夏天交付，其余将于2015年交付完毕。

汉莎是空客A380客机商业航线验证演习的独家合作航空公司。2007年3月，在这项长达十二天的测试计划中，汉莎的飞行员与空中客车的试飞员一起驾驶A380飞机，开始这一宽体飞机的首次载客长途飞行。汉莎航空首次在A380飞机上进行正常运行环境下的测试，即500名乘客、23名汉莎航空公司乘务员和机组成员登上航线验证测试航班。

本文记者作为法兰克福到香港这一段航线验证飞行中唯一的中国记者，独家专访了汉莎航空客运公司董事会董事豪格·海蒂（Holger Hatty）。海蒂主要负责航班和航线网络战略、联盟和产品线管理、信息技术、采购，以及将空中客车A380飞机引入汉莎机队。

问：汉莎将会在哪些航线上使用A380？什么时候飞到中国？

答：汉莎的A380机队将重点用在到亚洲和北美的大客运量航线上。我们现在已经圈定了二十个目的地。他们都有一个共同特点：目前的波音747客机和空客A340系列客机都已经不能满足巨大的客运需求。A380会在2010年飞到亚洲。我确信肯定会飞北京和上海。事实上如果不是因为空客交付延迟，我们原定的计划是在2008年奥运会期间用在北京航线上。

问：对于引进A380这一新机型，汉莎做了哪些准备？

答：从2003年开始，汉莎的专家就开始为引进A380做准备。我们有一个二十人的团队专门负责协调A380项目。在A380的开发过程中，汉莎就是空客在各项测试中的伙伴。比如2006年3月的紧急疏散测试，2006年9月的首次长途飞行测试。我们同时也正在法兰克福建造A380的机库。法兰克福是汉莎A380机队的基地，因此各项维护设施必须到位。这个新机库位于法兰克福机场西南，能容纳4架A380或6架波音747。

问：A380加入你们的机队后，是否意味着你们的波音747都要退伍了？

答：引进一种新机型并不一定意味着淘汰其他机型。市场的发展是需要时间的。有些市场需要用小一点的飞机，有些市场需要大一点的飞机。当一个小市场成长为大市场时，你可以开始用大飞机，同时把原来的小飞机转向新的市场。这就像人的一生，从出生，到少年，再到成年，航空业同样也经历这么一个过程。

其实我们还定购了20架波音747—8洲际飞机。这是波音747的下一代，将于2010年交付使用。到时候我们就同时拥有两种世界上最新的大飞机了。

通常我们的飞机在服役十五年以后就会被逐渐淘汰。有些波音747已经接近了这个年限，所以我们会更新。

问：A380一直在宣传其舒适性，乘客需要为乘坐A380支付更贵的费用吗？

答：不会。我们决不会实行特殊票价。如果你买一张经济舱机票到某一个目的地，无论你坐什么型号的飞机都是同样的价钱。事实上，这几年机票票价水平一直是向下走的趋势。我相信这种趋势还会延续下去。航空公司必须找到一个更好的成本结构。我们无法避免地要使用这种大型飞机，一方面为了乘客的舒适，另一方面也出于成本考虑。A380的每座成本比其他机型都低。

陆浩婷　文

（2007年4月16日）

扩张——以安全和健康为基石

——访麦当劳全球首席执行官
吉姆·斯金纳

信心十足，热情洋溢——这就是吉姆·斯金纳给人的第一印象。当他健步走进会议室的那一刻，人们便能感受到他周身充满着激情与活力。

尽管麦当劳食品的安全和健康在世界范围遭到质疑，但面对这位快餐连锁巨头的全球首席执行官，任何人都会放弃对他本人及麦当劳产品的疑虑，因为活力四射的斯金纳自称是麦当劳的忠实食客，每日所食皆其产品。

“我喜欢麦当劳的口味，我们的食品质量也非常可靠。我感觉棒极了！”斯金纳笑着说。他表现得很真诚，可有趣的是每个麦当劳的首席执行官，不管是地区的还是全球的，都会对媒体传递这样的信息。

斯金纳强调说，麦当劳一贯密切关注食品的安全与健康。这位现年61岁的美国人于2004年11月走马上任，而在他之前的两任执行官皆因健康原因而突然离职：詹姆斯·坎塔罗泊在2004年4月19日死于心脏病，时年60岁；44岁的查理·贝尔则在被诊断出癌症后离职。尽管他们的健康问题与他们所说的每日所食麦当劳是否有关尚无定论，但是媒体报道中对两者之间的关系所隐含的暗示显然使公司的形象大打折扣。

事情并未到此而止，一部纪实影片《超大码的我》一经推出，即票房大卖。影片记录了一位成年男子刻意每日只吃麦当劳食品，一个月后健康状况大为受损。批评家也指出麦当劳的炸薯条含有致癌物，这更是雪上加霜。过去几年，这个快餐巨无霸的日子实在是不好过。

斯金纳从1971年开始在麦当劳工作。进入管理层后，他经常主动出击，维护麦当劳的品牌荣誉。近期斯金纳发起的许多公关活动都以如何修订食谱和提供健康建议为中心。他说："我们始终认为世界上没有不好的食品，只有糟糕的食谱。"这一观点简要表明了麦当劳中国餐厅自2005年10月份起经营调整的动因。

现在麦当劳在中国餐厅的食谱都添加了强化钙草莓酸奶和瓶装饮用水：消费者可以选择强化钙草莓酸奶作为麦香鱼和麦辣鸡翅欢乐套餐的配餐，可选购炸鸡类套餐时，可用瓶装饮用水、橙汁和牛奶来替代含糖类软饮。同时，每家餐厅都提供简单明了的营养信息小册子。这些小册子标明不同食品的卡路里含量以及蛋白质、脂肪、钙和铁的含量。

针对以上改进，麦当劳（中国）有限公司副总裁和首席营销及公司事物主管罗凯睿指出："作为行业领跑者，我们了解我们的消费者，知道当他们进行选择的时候，需要得到相关的信息。"很多业内人士也认为此举是对外界关于麦当劳食品健康与安全问题指责的回应。还有一些分析人士指出若麦当劳期望保持在中国市场的发展势头，此举非常必要。中国的消费者对营养健康日益重视，麦当劳需要采取行动来证明其食品并非像有些人所说的那样不顾消费者的安全和健康。

北京华联麦当劳店的店员翟锋毅说酸奶是目前最受欢迎的新品，而中年消费者和注重身材的年轻女性则倾向于在套餐中选择瓶装水代替含糖饮料。"我喜欢酸奶，"25岁的吴曼玲说，并建议麦当劳的食谱可以更加丰富；还有一个三岁孩子的母亲方鸣觉得营养信息小册子对她帮助特别大。

2005年，麦当劳对其在中国的业务结构进行了大幅调整：先前划

分的两个大区进一步划分为华东、华南、华北和华中四个大区。这一结构重组的结果是一系列的管理改进和配餐优化。

麦当劳中国业务首席执行官施乐生说，80% 的麦当劳菜谱是全国统一的，另外 20%，各区域可根据当地消费者的口味自行调整。“也许我们在西部提供酸辣汤，在东部供应海鲜汤，”罗凯睿补充道。

上海交通大学医学院的蔡美琴强调保持身体健康最重要就在于均衡饮食。她说：“我认为有时候吃一些快餐对儿童和成年人的身体并没有什么伤害，关键看如何搭配。”

中国学生营养与健康促进会副会长李蒙恩认为，许多洋快餐含有过多的油脂，缺乏足够的纤维，这有可能造成儿童肥胖和心血管疾病。目前反式脂肪酸经常用于快餐业，有些研究认为反式脂肪酸会造成胆固醇升高，引发心脏病。当世界其他各地曝出每份麦当劳炸薯条中这种堵塞血管的物质含量比以前增加了三分之一时，麦当劳却声明其在中国店出售的薯条不含反式脂肪酸。为此，在2006年2月14日的新闻发布稿中，麦当劳称其在中国使用的薯条用油是脱酸棕榈油。

然而无论有多少负面新闻，麦当劳仍然是全球最畅销的快餐品牌。这个汉堡连锁餐厅有30000多家店铺分布在全世界121个国家和地区。仅在中国，截止到2007年8月底就有815家店。肯德基是麦当劳在中国最大的竞争对手。这个炸鸡连锁店在世界有11000家餐厅，分布在800个国家和地区，其中1900多家在中国。

斯金纳对两家连锁餐饮巨头之间的竞争不予评价，只是高度评价他的同事们在中国的工作。他说，“我们还有相当长的路要走，相当多的工作要做。”据业内人士分析，对市场份额的追求加上更多中外竞争者的加入使得未来快餐连锁市场的竞争更为激烈。本土的马兰拉面和上海城隍庙小吃经历了几年的发展，积累了经验。他们的产品被认为更健康，更适合本地口味。

刘洁　文

（2006年1月16日）

“得来速”能加速麦当劳的发展吗？

——访麦当劳中国业务首席执行官施乐生

对于中国的消费者来说，麦当劳不止是一个快餐连锁店。作为第一个进入中国的世界顶级快餐品牌，麦当劳带给中国的除了快餐文化和服务标准，还有新的生活方式。

到 2006 年 9 月底，麦当劳在中国 120 多个城市的 764 家连锁餐厅的营业额高于它在全球任何一个国家或地区。尽管这个快餐企业在世界范围被指责销售有碍健康的食品，但它从未停止过在中国这个快速增长的市场的前进步伐。“得来速”餐厅成为麦当劳在这个新兴市场的另一个重要发展策略。麦当劳中国业务首席执行官施乐生说“得来速”将成为麦当劳在中国扩张的一个重要武器。

问：麦当劳已经在中国的各大城市建立连锁，您认为还有发展的空间吗？

答：到 2006 年底，我们在中国将有 800 家店。这个数字在 2008 年奥运会前将提升到 1000。但是我们不只关注店铺数量，我们更重视的是店铺的选址和质量。

问：麦当劳对选址是否有新的标准？

答：我们最感兴趣的是“顶级”店址：最好的地方，在那里我们可以给我们的消费者提供最好的服务。另外我们对建立更多的“得来速”餐厅非常感兴趣。我们刚刚在浙江舟山开了中国第四家“得来速”餐厅。先前的三家在广东的东莞和佛山，以及上海的外高桥保税区。在中国，年内我们要再开另外十家“得来速”餐厅。到2007年，我们新开的餐厅中，“得来速”将占到一半。这一比例有可能提高到70%~80%。

问：麦当劳是否正在特定城市测试“得来速”的绩效，以便在更广范围内推行这一商业模式？

答：“得来速”肯定是我们未来发展的重要部分。我们不会局限于在某个城市发展，“得来速”将会覆盖全中国。现在我们在120个城市设有餐厅，所以我们将发展“得来速”的期望首先寄托在这些地方。

问：麦当劳已经在美国和其他市场经营了多年“得来速”餐厅。为什么选择在这个时候大举进军中国的汽车餐厅市场？

答：中国快速发展的汽车拥有量促使我们在此发展“得来速”业务。同时中国消费者不断变化的生活方式和对多种食物的接受程度给“得来速”提供了广阔的发展空间。

问：相比较于传统的麦当劳餐厅，“得来速”具有哪些成本上的优势和劣势？

答：“得来速”餐厅一般可以停靠30~50辆车，有室内座位，并且配备声像系统。它的成本要比传统的餐厅高一些。但是我们期望“得来速”的收益会相对较高，从而弥补这部分投资，因为有研究表明中国消费者对汽车餐厅的市场需求相当大。在中国，有30%的麦当劳消费者选择“得来速”服务，而不愿进入餐厅，而这一数字在美国是65%，但在那里我们从1975年就开始提供汽车餐厅服务了。

问：您认为“得来速”在中国发展的前景怎样？

答：我们已经和中国石油化工股份有限公司（中石化）签约，借助中石化加油站的平台，共同发展“得来速”业务：即在中石化的加油站内建“得来速”餐厅。中石化目前在全国范围内拥有30000个加油站，并且在以每年平均增加500个的速度发展，所以中石化是麦当劳在中国发展“得来速”餐厅的理想合作伙伴。

问：“得来速”业务的发展会不会分流麦当劳传统餐厅的部分客人？

答：“得来速”业务的发展绝不会以传统餐厅业务的下降为代价。我们的传统餐厅改善了食谱，又新增了四盎司汉堡，这将使传统餐厅和“得来速”都能受益。

问：几家国际快餐连锁公司都进入了中国市场，还有一些正在积极准备进入。中国的快餐连锁市场正在经历前所未有的激烈竞争，那么麦当劳是如何应对的？

答：我们并不担心来自竞争对手的压力。麦当劳只要听从我们顾客的需求就行了。我们成功的核心战略就是让消费者满意。

问：麦当劳在中国发展有什么障碍吗？

答：障碍？没有。“机会”有。麦当劳会和我们的消费者共同成长。在获得更多发展动力的同时，时刻追随消费者生活方式的改变，满足他们对我们的期待。

刘洁　文

（2006年10月11日）

超级链接

1．麦当劳每年开店100家

2005年，世界最大快餐连锁企业麦当劳计划每年在中国大陆新增100家店。麦当劳（中国）有限公司副总裁赖林胜表示公司的中国业务发展稳健，达到了预期目标。他说，只要消费者有需求，麦当劳将在任何地方开店，不论是大城市、二级城市，或是中西部地区。同时他强调："但是最重要的前提是要有方便的物流系统，以保证我们的食品和原材料在运到目的地时完全符合我们的食品安全和新鲜的标准。"

麦当劳还计划在中国进一步拓展特许经营业务。公司在华第一家特许加盟餐厅于2004年在天津开业，经营状况良好。赖总裁透露："一批加盟餐厅将于未来几个月开张。"但他未明确店址。这位副总裁指出麦当劳在采购和产品研发方面实行了本地化，其95%的原料从当地农场采购。近年来一系列适合中国消费者口味的中式快餐相继推出。

2005年3月8日，在美国纽约麦当劳以"我就喜欢"的口号推出了新的宣传活动。赖总裁说，麦当劳马上会在中国推出一些新的套餐，并且附有健康饮食建议。公司还计划邀请知名运动员姚明和郭晶晶作为代言人，推广营养、健康、积极的生活方式。赖总裁说："麦当劳将继续丰富食谱，以提供给消费者更多的选择，并致力于倡导平衡饮食。"有关业内人士也指出麦当劳一直努力提高品牌形象，极力摆脱"垃圾食品"的公众印象。

麦当劳目前遭到纽约青少年的起诉，指责这个快餐连锁巨头刻意隐瞒食品有可能给食用者带来的健康危害，比如炸鸡等食品造成了他们的肥胖。为此，赖总裁反复强调，麦当劳一直致力于为全体消费者提供安全和新鲜的食品。他说："质量和健康是我们一切战略的核心。"

目前，麦当劳在全球的119个国家和地区设有31500多家连锁店，平均每日接待5000多万食客。

刘洁　文

（2005年3月28日）

2. 麦当劳在华第一家工会成立

中国政府要求所有在华经营公司都要遵守中华人民共和国工会法。根据此法，任何一家拥有25名以上雇员的企业都必须成立单独的工会组织。为避免劳工冲突，全国总工会一直在努力说服外资公司允许其中国公司成立工会组织。迫于压力，世界最大快餐连锁企业麦当劳在华第一个工会于2007年6月29日在沈阳成立。

麦当劳在华第一家工会诞生在中国东北，是位于辽宁省沈阳市繁华商业区的鹏利店。26岁的杨赛丹是在鹏利店工作六年的代理经理助理，她荣幸当选为工会主席。她说："对公司来讲，这是一个好的开始。我将依照法律，尽全力保护工人的合法权利和利益。"目前，鹏利店共有员工41人，13人加入了工会。

沈阳市总工会组织委员会主任李金生透露，工会和麦当劳经过了一个月的协商，最终麦当劳同意在其沈阳的16家连锁店内设立工会。沈阳市总工会会长鞠秀礼说，工会的成立有利于推进和谐的劳工关系，有利于公司的发展。

然而，麦当劳曾经被指责在广东违约用工：对兼职工人提供低于最低标准40%的工资。广州市规定非全日制职工的最低工资标准为每小时7.5元，还不足1美元，而麦当劳付给兼职工人的工资为每小时4元。 广州当地报纸《新快报》在三月份曝出麦当劳"违反劳动法"的消息，称其少付兼职工人工资，其中大部分为在校大学生。

一名全国总工会的高层领导说："任何一家公司在中国都没有特权，不管这个公司有多大，有多强，或者它属于哪个总公司。我们都不能允许其公司内部的管理条例违背我们国家的法律。"

刘洁　文

（2007年6月30日）

美国自助服务巨头以华为家

——访 NCR 公司现任总裁兼首席执行官比尔·诺迪

NCR 公司是全球领先的信息技术公司之一。它的自动柜员机(ATM)、零售系统、自助服务解决方案及 IT 服务等在内的关系技术解决方案，可以协助各行各业不断提升客户互动所带来的价值，并帮助他们建立强有力的市场竞争地位。随着公司与越来越多的中国客户建立合作关系，NCR 在中国建立了牢固的市场地位。2007 年 8 月，NCR 公司现任总裁兼首席执行官比尔·诺迪（Bill Nuti）来华访问时接受了记者的采访。

问：随着 2006 年底中国银行业的开放，外资银行可以进入中国市场并将飞速发展和扩张。此种情形下，在提高自助服务方面，本土银行和金融企业如何面对外来竞争？

答：我觉得中国的银行和全球其他大银行一样，非常关注 ATM 渠道建设的质量。 在服务渠道建设方面，将 ATM 机提高到百分之百普及的程度是非常重要的。中国的银行也专注于ATM供应商的素质，以及它们所提供的产品和服务的质量。

问：在品牌建设、公司治理、发展战略、创新及行业竞争等方面，NCR在中国市场上面临哪些挑战？

答：首先我们把NCR（中国）看作一个中国自己的品牌。我们将不断地打造这个品牌，正如我们不断打造NCR这个世界品牌一样。我们还要不断地投入人力、物力来管理我们已经或即将在中国的投资。

我们在北京有一个生产中心。从这里生产的ATM已经超过了23000台。这些ATM不仅销往中国，还销往世界各地。所以我们也要将中国这个全球ATM的供应链管理好。

除此之外，NCR在中国还有各种各样的服务人员和技术工程师。我们还要不断地增加人员。因此，在中国管理日益壮大的人员队伍也将是一个挑战。

第三，进入新的自助服务市场和新的行业领域，也是NCR将要面临的一个挑战。当今的NCR是世界ATM的全球领军者，也是中国ATM市场的领先者。但是，在许多其他领域和行业，也存在着可以挖掘自助服务的机会。这对我们来说又是一个挑战。

问：在2006年3月的亚太零售金融大会上(Retail Finance Asia Pacific Conference)，您发表了一篇题为"智能自助服务革命"的演讲，强调了数据仓库在企业决策过程中的重要性。您如何看待中国智能自助服务市场的潜力？NCR公司在这方面是否已准备就绪？你们是如何来做准备工作的呢？

答：从ATM诞生之日起，NCR就致力于投资自助服务系统，至今已经走过了四十年的历程。从那时起，我们还不断发展其他自助服务解决方案，力求满足客户需求并在市场上保持良好的业务发展势头。

道理很简单，自助服务技术是个双赢的解决方案。它既能让消费者在任一时间和地点自行办理业务，也可帮助企业削减成本、提高利润。举例来说，消费者可在 ATM 上进行自助服务，而银行可通过自助服务技术降低成本并提高工作效率。

智能自助服务解决方案涵盖各种金融设备，包括 ATM、电子收款机以及其他一些自助服务亭，旨在为使用这些金融设备的消费者提供个性化体验。例如在新加坡，华侨银行 (Oversea-Chinese Bank) 就采用了 NCR 制造的 ATM 以及数据银行分析技术。如果去这家银行的 ATM 上刷卡，机器可以识别消费者的身份和常用的交易方式。此外，机器还知道您想用哪种语言进行操作，并根据之前的交易记录主动为您提供服务。

智能自助服务解决方案还被广泛应用于其他行业，如机场、酒店入住登记系统等。例如，美国的机场在使用NCR技术方案之后，实现了流程的简化和效率的提高。

问：您讲到进入新的市场和行业领域，除了银行业之外，还包括哪些领域呢？您认为这些领域的市场前景如何？

答：自助服务的确在银行业越来越普遍，这也是我们一直领先的领域。

此外，旅客在机场办理登记的时候也非常需要自助服务。你知道，中国有排队难的问题。自助服务可以大大减少排队的时间，提高效率。

自助服务还可以在宾馆里普及。客人可以使用自助服务办理入住或离开手续。还有自助服务的餐馆，可以让客人通过机器自助点餐。在赌场，尤其是澳门，也非常需要各式各样的自助服务机。

另外，中国致力于提高全民医疗。我们在全世界开发的医疗自助服务系统可以大大减少医疗成本。

在公共服务领域，自助服务系统可以帮助政府部门处理纷繁琐碎的日常事务，如申请签证、驾驶证、纳税或其他，从而减少官僚主义，提高工作效率，并改善政府和百姓的关系。

最后，我要说的是零售业。在零售业的客户互动和自助服务两大领域我们都有巨大的商机。

问：那么究竟哪个行业市场潜力最大呢？

答：对于NCR来说，首先是银行业，其次是零售业，第三是旅游业。总的来说，每个行业都蕴含着巨大的商机。

问：请您谈谈对中国市场的看法。您认为中国在NCR的全球业务中是否发挥了战略性作用？中国的经济增长给NCR中国以及整个NCR公司带来了哪些利益？

答：对于NCR来说，中国市场举足轻重。另外，如果看看中国的银行业、零售业和其他产业，您就会发现中国增长之强劲令人难以置信。我们的目标是继续在中国市场上推行产品本土化。我们针对中国制定了长期的投资计划，希望能与业内同行一起开拓这一市场。尽管NCR是一家跨国公司，但同样具有本地化意识，这是我们保持发展的关键。

问：目前NCR在全球处于领先地位。但是许多中国本土企业也在崛起。如广州广电运通金融电子股份有限公司，它是首家也是最大一家国内ATM制造商。那么你如何看待这些来自本土的威胁和竞争呢?

答：我们在全球拥有很多竞争者，并始终处于竞争之中。我们已经在ATM这个行业摸爬滚打了四十年，相对而言，我们更有经验。我们比竞争对手拥有更多有经验的人才。要说本土竞争对手的优势，也许表现为他们被看作是本土公司吧。但是我要说的是，我们也是一家本土公司。我们在北京有工厂和本地员工，在中国有庞大的团队。看看我们在中国设立的那些机构，你就会发现从公司的领导层到普通员工清一色都是中国人。我们一直把自己当作本土公司来看待。

问：您认为2008年的夏季奥运会和2010年的世博会会推动NCR在中国的发展吗?

答：这对中国来说是件大好事，我到时也会来中国的。举世瞩目的两大盛事将为中国提供一个在世界舞台上展示自己的机会，而这是前所未有的。坦率地说，这将有利于消除外界因不了解中国而可能造成的某些障碍。

我们将把2008年奥运会和2010年世博会作为一个推进公司业务增长的平台。在过去的几年中，我们亲眼目睹了中国经济所经历的诸多变革。看到这些改革很有意思。中国变成一个经济大国实在令人感到兴奋。就我本人而言，我感到非常高兴。还记得上世纪九十年代我曾对我所在公司的领导说过，“将来有一天，中国将变成一个经济大国、政治大国和商业大国。”如今我当时的所有预言都已变成现实。

问：您在公司经营管理方面的成功秘诀是什么?您过去的经验对您现在的成功来说是否起到了很大的作用?

答：我成功的秘诀就是打造一支优秀的团队。没有优秀的团队你就不可能获得成功。企业的成功不可能依赖某一个人而实现，而是需要依靠公司团队的整体力量。

坦率地说，和企业一起成长起来的精英人才最终将造就公司的辉煌。一位出色的领导者的职责就是建立一支优秀的团队，为了这支优秀的团队再打造一支优秀的队伍来支持，从而形成良性循环。但是，成功的秘诀是要依靠公司上上下下所有的人，而绝非某一个个体。

张冉，吴允和　文

（2006年10月16日，2007年8月30日）

超级链接

Teradata 全球服务中心揭幕

全球企业数据仓库应用服务领导厂商 Teradata 昨天宣布，Teradata 全球咨询中心（GCC ）在大连隆重揭幕。

美国公司 NCR 是全球领先的科技公司，致力于帮助企业与客户建立更紧密的合作关系。Teradata 曾是其部门之一。作为全球 500 强企业，NCR 全球拥有超过 29300 名员工，广泛服务于银行、电信、航空等领域领先的企业。

据 NCR 日本区总裁 Hideki Hosoi 透露，Teradata 全球咨询中心坐落于大连软件园，将为包括日本、中国在内遍布北亚地区的客户提供多语言专业服务支持。Hideki Hosoi 表示："全球咨询中心是 Teradata 不断增长的全球专业咨询服务的重要组成部分。中国全球咨询中心的专业团队将使 Teradata 全球领先的数据仓库咨询服务能力得到有效的延伸。"

Hideki Hosoi 补充道，该中心的工作人员将专精于数据仓库和商业智能软件，并提供优秀的端到端企业级数据仓库实施能力。该咨询中心的服务范围覆盖整个北亚地区，与近期成立的 Teradata 印度和巴基斯坦咨询中心相互支持配合。

（2006 年 8 月 17 日）

看好中国

——访诺基亚首席执行官康培凯

世界上最大的手机制造商诺基亚在中国的手机销售量每年保持着40%的增长，几乎两倍于其全球增长率。

中国手机市场竞争实际上异常激烈，拥有超过70家的制造商，2000多种手机型号。在这种情况下40%的增长显得难能可贵。

中国业务的持续增长，已经成为诺基亚全球业务的基石，巩固并推动着诺基亚在全球移动终端行业的领导地位。

在上个月，诺基亚经历了一次重大人事变动。2006年6月1日，康培凯（Olli-Pekka Kallasvuo）（前移动电话事业部负责人）取代利拉出任公司的首席执行官。

上周，诺基亚任命赵科林（Colin Giles）为诺基亚（中国）投资有限公司总裁，此前他是原诺基亚大中国区客户及市场运营负责人。原诺基亚（中国）投资有限公司总裁何庆源被任命为诺基亚西门子通信公司大中国区董事长。

此外，在2006年6月19日，诺基亚与西门子宣布通过合并相关的网络系统业务，双方各持有50%的股份，新公司即将开始运营。

康培凯在2006年11月9日接受了记者的采访。这位新的掌舵人相信诺基亚能够领先竞争对手一步，更好地适应全球和中国不断变化的通信市场，并巩固其领导地位。

问：根据诺基亚第三季度财务报告，新兴市场的增长非常强劲。诺基亚下一步的战略是什么？中国市场对诺基亚来说还有哪些未挖掘的机会？

答：中国市场非常有意思。一方面，中国市场是新兴市场。预计到2010年中国市场新增用户数会达到1.65亿，许多人将是第一次购买手机。对我们来说，有很多机会可以进一步扩大中国市场的手机渗透率。从这个角度讲，可以说中国是新兴的市场。但从另外一个角度看，中国市场同时也是非常成熟的市场，机型无论是高端还是低端都有巨大的需求。与其他市场不同，在中国，任何机型和任何价格的产品都有感兴趣的用户群。比如我们多媒体业务部推出的高端多媒体电脑手机，在中国销售非常强劲。从这个角度看，中国也是一个非常成熟的市场。所以，中国市场兼备新兴市场和发达市场的特点。对诺基亚来说，在中国保证全系列的产品线是非常重要的。

问：诺基亚并非在每款产品上都保持领先，比如可以发电子邮件的手机，或超薄手机。您认为诺基亚如何能做到后发制人？

答：首先我认为不断推出新功能对于市场是非常重要的。我们也非常积极地争取在产品和功能能上够领先竞争对手。在这个方面，我们还可以做得更好。我们现在采取了很多的措施加速产品推向市场的速度。同时我想强调一下，在中国市场推出全系列、完整的产品线是非常重要的。

我们做了很多市场调研工作来了解用户的需求，细分用户群。我们进行了长时间、大规模的采访。大约采访了4万人，收集了6亿条信息。这已经成为我们设计和推广产品的基础。我们大规模的调研也证明了消费者之间存在很大的差异性。比如说中国的消费者与印度和美国的消费者就非常不一样。即使在中国市场，不同的消费者对产品也有不同的喜好。因此我们的一个工作重点就是要在市场上提供不同类别的产品，以满足不同消费者的需求。总之，深刻地理解消费者的需求，推出具有吸引力、全系列的产品组合，以更快的速度推向市场是至关重要的。

问：*摩托罗拉宣称要在1000天之内超越诺基亚，您如何看待与竞争者之间的差距和变化？*

答：我们对每一个竞争对手都是认真对待的。诺基亚移动终端在全球的市场份额是36%，依然遥遥领先于我们的竞争对手。在中国，我们已经连续13个季度保持市场份额的增长，在中国市场取得了很好的成绩。

问：*有人说，诺基亚在很大程度上是靠低价手机获得了更多的市场份额，对此您有何看法？诺基亚这两年的成长，低价手机是不是最主要的驱动因素？*

答：如果要成为这个行业有实力的厂商，一定要在每一个层面都做得非常好。如果从价格的角度来看的话，那就要在低价、中端和高端手机市场都做好。不可能仅凭在某一领域做得出色就能够获得全面的成功，因此我们会加强全系列产品的推出，我们在低端市场确实非常

具有竞争力。第一次买手机的用户，往往会买入门级的产品。但如果用户在使用过程中觉得手机的设计和质量都非常好，当他再次购买的时候，还会考虑诺基亚。低端手机也可以创造品牌的忠诚度。低端手机的成败具有战略意义。最近思纬调研公司发布的报告显示，诺基亚在全亚洲是名列第一的品牌。对此我们感到非常高兴。

问：当今电信设备市场竞争日益激烈，发生了一系列的整合，如爱立信收购马可尼，阿尔卡特与朗讯合并，诺基亚也已经宣布与西门子合并网络业务。目前诺基亚是否还有进一步的并购计划？

答：诺基亚与西门子的网络业务合并后，我们的目标很清楚，就是要成为市场中的第一。

诺基亚与西门子通信成立合资公司证明诺基亚将继续投资网络业务，我们将保持这一承诺。

目前市场上有很多变化，也有很多机会。我们肯定会继续积极地寻找合作与收购的机会，特别是在多媒体和企业业务方面。

李卫涛　文

(2006年11月15日)

御风而行

——访诺基亚董事长兼前任首席执行官
约玛 · 奥利拉

诺基亚董事长和兼任首席执行官约玛·奥利拉（Jorma Ollila）看起来不太像一个科技公司的老板。比尔·盖茨和苹果公司的老板乔布斯演讲时总是激情洋溢，甚至冲入人群，与观众互动，大声痛斥竞争对手。但是奥利拉总是表现得十分平静，甚至略显羞涩。他语速不快，永远小心地回避对竞争对手们做出任何评价。

但是他却是科技行业内最成功、最受人尊敬的CEO之一。这位55岁的管理者带领诺基亚从一个涵盖众多行业的多元化公司转变为世界排名第一的移动终端制造商。他在这个职位上工作了14年之久。在竞争激烈的移动通信行业中，他是稳坐CEO位置时间最长的。

奥利拉认为，他谦虚严谨的工作态度、顽强的工作理念和思想，在诺基亚巨大的成功以及他的个人事业中起了很大作用。2006年6月1日他正式卸任CEO一职。在交接工作之前的一周，他来到北京并接受了记者的采访。

“(在20世纪90年代)我们认识到手机将会成为每个人必需的设备，我们相信这将成为全球的现象，”奥利拉说。这一远见“的确极具价值”。在预见手机发展的趋势后，诺基亚决定建立“真正的全球性组织”。这远远早于它的竞争者们。“我们很早进入了中国市场，尤其是在制造和研发领域做出了重大的投入”，奥利拉说，这是他所做过的关于诺基亚对中国市场最有远见的决定。中国现已是世界最大的手机市场，手机用户数居全球第一。

中国是诺基亚尝试进入亚洲市场的首站。1985年，诺基亚在北京建立了第一个代表处。20世纪90年代，诺基亚相继建立了四个主要的合资公司，两家位于北京，另外两家分别位于东莞和苏州。1994年，诺基亚成为为北京电信提供第一个GSM(全球移动通信系统)设备的提供商。中国前邮电部部长吴基传使用诺基亚N2110成功实现了在中国的第一次GSM通话。

“我很高兴看到技术改变了一个国家。这也充分证明了我们为此所做的投资的价值，”奥利拉说。“我们为诺基亚作为移动通信行业的领导者开创行业的新时代而骄傲。”

建立研发机构

截至到2005年底，诺基亚在中国已投资33亿欧元并建立了多个研发机构。1999年，诺基亚在北京建立了移动电话产品开发中心。这一开发中心为诺基亚移动电话业务部门承担了很大一部分的手机开发任务。2005年10月，中国的诺基亚工厂制造了超过2亿部诺基亚手机(自1995年起)，其中大量都已出口。

二十年前，中国的手机普及率还低于0.6%。而现在，这里有超过4.1亿手机用户，几乎所有人都与手机寸步不离。奥利拉说：“这是典型的中国式消费习惯。中国为我们提供了了解亚洲生活方式的最好渠道。这一市场与欧洲和美国有着很大的不同。中国消费者爱好时尚，他们的喜好十分独特。”

把握时尚潮流帮助诺基亚赢得了中国市场。诺基亚为中国市场不断推出极富创新、引领市场潮流的手机。1995 年，诺基亚在中国推出了诺基亚 5110。拥有这款手机的用户能够根据自己的喜好随意更换手机外壳。这款小巧、界面友好并易于使用的机型在推动手机的普及方面起了巨大作用。从某种意义上来说，它在促进手机行业大规模生产方面起到了重要作用。

在接下来的几年中，诺基亚总是抢占先机，不断推出具有革新性的手机技术应用，其中包括可上网的手机和彩信手机。

但是，诺基亚也犯过一些错误。很长时间以来，公司不愿开发翻盖式手机，进入 CDMA 市场的步骤有些迟缓。这些决策上的失误使诺基亚将中国市场的王者地位拱手让给了摩托罗拉。这可以说是诺基亚的一大耻辱。因为在当时，它的全球市场份额已是摩托罗拉的两倍。

与此同时在中国市场，诺基亚也面临着越来越多的来自本土手机厂商的挑战。“我们不想输。我们相信可以做得更好，”奥利拉说。诺基亚逐渐意识到这些失误，并开始付诸行动。

2003 年，诺基亚从中国政府那里获得了制造和销售 CDMA 手机的许可。这帮助诺基亚的整个市场份额逐步上升。同时它还推出了一些翻盖手机，以及专门为中国设计的机型，以弥补在整个产品系列中的不足。翻盖手机在亚洲，尤其是在中国极受欢迎。此外，诺基亚还整合了四家合资公司，以提高工作效率。

“我们始终拥有坚强的意志，相信我们会赢。在众多管理书籍中，不难找到很多关于“坚强的意志”的内容，而实际上这是很不容易拥有的品质，但是我们做到了。”这种意志来源于北欧寒冷的气候。在拥有坚强意志的奥利拉的领导下，诺基亚“在近 3~4 年的时间里，付出了坚实的努力，提高了分销能力，并丰富了产品线。”

“我们因此取得了巨大的成功，比五年前相比赢得了更多的市场。”

夺回市场份额

重整分销网络对诺基亚在中国的表现来说至关重要。在 2003 年以前，诺基亚的零售渠道仅覆盖 50 个城市，而今天已经延伸到 300 多个城市。

2004年，诺基亚击败摩托罗拉，重新夺回中国手机销售第一。目前，诺基亚市场份额超过30%，遥遥领先于摩托罗拉。2005年，诺基亚在中国销售手机3250万部，比上一年增长72%。2005年，诺基亚在中国大陆、香港和台湾地区手机和网络设备的净销售额增长29%，达到38.5亿欧元（约46亿美元）。这个巨大的增长使中国成为诺基亚最大的单一市场。现在，诺基亚正在逐步进入中小城市以及幅员辽阔的农村地区。诺基亚将这些市场定义为新兴市场，而且认为这个市场蕴含着巨大的潜力。

奥利拉预测，中国到2010年将拥有超过6亿手机用户（目前为4.1亿）。大多数新用户将会来自这些新兴市场。这将会带来巨大的机会，但对行业内所有的竞争者来说，多元化及复杂的中国市场也将会是一个巨大的挑战。但是诺基亚相信，自己强大的科技实力将保持市场领导地位。

“科技始终在不断飞速前进，”奥利拉说。卸任CEO后，他将继续留在诺基亚，担任非执行董事长。他还在壳牌石油（Anglo-Dutch oil group Royal Dutch Shell）担任同样的职务。.

“在未来的5~7年，互联网在移动通信行业的影响将会是极其重要的。这将会改变商业模式，改变手机和其他基础设施的发展方向。”

李卫涛　文

(2006年6月12日)

诺基亚和西门子电信网络并购对接工作正式启动

——访诺基亚网络事业部执行副总裁兼总经理白伟贤

诺基亚和西门子 2006 年 6 月宣布合并双方通信网络业务，双方各持股 50%。新公司被命名为诺基亚西门子通信公司。合并后的新公司将成为全球第三大电信基础设施提供商。

新公司预计将于 2007 年开始正式运营。这成为全球电信业并购风潮的又一个剪影。据估计，诺基亚西门子通信公司的年收入将达到 158 亿欧元，与全球电信设备市场上较大的竞争对手爱立信和阿尔卡特朗讯处于同等水平。

2006 年 8 月，诺基亚与西门子在全球（包括中国在内）的各个地区任命了新公司的管理层人员，而中国成为唯一的国家单一市场。

诺基亚网络事业部执行副总裁兼总经理白伟贤（Simon Beresford-Wylie）被任命为诺基亚西门子通信公司的首席执行官。2006 年 9 月，他接受了记者的采访，就并购的进展情况做出了回答：

问：我们知道，诺基亚网络事业部一直致力于移动网络业务，而西门子公司擅长固定网络业务。那么，对诺基亚西门子通信公司而言，固网技术有什么作用和价值？

答：并购的决定最初是以技术融合为着眼点的。在最近几年里，固网与移动网的业务之间的融合已经成为通信行业的一大趋势。我认为，通过与西门子合并，我们将拥有非常均衡的融合性产品组合。6 月 19 日，在公司宣布合并时我曾提到过，从收入的角度讲，我们的产品组合中有 22% 基于固定网络，有 78% 基于移动网络。

目前，全球共有 24 ~25 亿移动用户。我们预计到 2008 年，这一数字将增加到 30 亿，到 2010 年将接近 40 亿。其他增长领域主要集中在宽带、固定宽带以及融合业务（convergent call）。从发展的观点来看，固定网络与移动业务在宽带接入和融合业务这两个领域确实具有很好的契合点，因此，我们认为它们之间可以实现互补。

我们对自身产品组合的均衡性感到非常满意。合并后，我们将成为全球第三大电信企业，但公司的目标是成为全球第一。我们认为，产品组合为我们实现这一目标打下了坚实的基础。

问：中国将成为诺基亚西门子通信公司唯一一个国家单一市场。您为什么如此重视中国市场？您对新公司在中国市场上的表现有什么期望？

答：在业务结构方面，我们设立了六个事业部，并划分为七个地区，中国是其中一个区域。

之所以将中国单独列出来，原因有三：一是中国市场非常巨大；二是中国市场发展迅速；三是中国市场存在很多新的机遇。它的规模和多样性足以使其成为一个独立的地区。

问：并购过程中遇到的主要挑战是什么？

答：我认为，并购的规模非常巨大，与规模伴随而至的则是其中的复杂性。我们是两家业务遍及许多国家和地区的大型企业，而并购需要将我们在所有国家和地区的经营活动相结合，将两家公司的产品相结合，这是一项非常复杂的工作。

同时，我们还要将两种不同的文化进行融合。除此之外，我们还面临一些非常实际的问题。诺基亚西门子通信公司大约在 100 天后开始正式运营。这家新公司将拥有大约 6 万名员工，约 300 个移动客户，150 个固网客户。

这意味着我们需要在 2007 年 1 月确保支付 6 万人的薪水，收到 450 个客户的订单，为 450 个客户提供设备和服务，为 450 个客户开具发票，并向 450 个客户收回应收账款。

这确实是一项极其复杂的工作，需要我们在很短的时间内完成。不过，我们将迎刃而上。

问：提到文化，有人说西门子与诺基亚的企业文化非常相似，因为都是欧洲公司。但是也有人认为两家公司差异很大，因为德国与芬兰这两个国家的文化有着根深蒂固的区别。您将如何应对这一挑战？

答：这是一个很好的问题。西门子公司有 160 年的历史，诺基亚也有 140 年的历史，都是历史非常悠久的公司，已经形成了成熟的企业文化。

两家公司都来自不同国家，有着不同的文化，但其中也可以看到一些共同点。例如，两家公司都是全球化的公司，总部虽然设在芬兰和德国，但新公司的 6 万名员工中，有三分之二是来自于芬兰和德国之外的国家，而我就是其中之一。

两家公司在技术上都很有专长。两家公司的企业文化都非常注重实效、努力工作、直率、坦城。但我们之间又有差异，因为一个植根于芬兰，一个植根于德国。不过，在日益全球化的世界中，多样化实际上可能会成为一个竞争优势。我们并非生活在一个大同的世界中。

说到文化的不同，在我看来，可能诺基亚人看上去比较随意一些，西门子人看上去可能更正统一些。但这只是一个差异，而不是好事或坏事。我认为这算不上一个主要问题或挑战。

问：要成为全球第一的目标任重而道远。您打算如何实现这一宏伟目标？

答：首先，实现这个目标并不需要很漫长的时间。新公司的实力与前两名竞争对手的差距并不是很大。其次，新公司的优势是融合产品。再其次，也是我认为最重要的，我们获胜的决心和愿望非常强烈，这一点我在公司随处都可以感觉得到。

我们必须以客户为中心发展业务。我们拥有的450个客户对我们很重要。因此，如果我们的员工都拥有必胜的拼搏精神，都能以客户为中心，我们就一定能够实现目标。我相信我们能做到。

问：西门子已经出售了移动电话业务，而现在要剥离网络业务。您认为诺基亚西门子通信公司未来的股权结构会有什么变化？

答：6月19日，作为诺基亚西门子通信公司的首席执行官，我与诺基亚和西门子公司的首席执行官一起见证了这一伟大的时刻，并亲耳听到他们说非常热爱这家新公司。我确信他们是这样想的。

我认为西门子公司并没有计划任何"退路"。双方都热爱这家公司，如果我们新公司的领导者和员工都能信守诺言，我没有理由相信他们会离开。我认为他们是喜欢这家公司的，并希望继续投资。

问：今年上半年，中国电信行业的收入增长速度有所减缓，甚至低于GDP的增长。您如何看待这一趋势？

答：我不想对市场形势做具体评论。我们曾在全球提出2006年的指导方针，其中指出我们预计2006年将出现适度的增长，我只能说这些。

问：诺基亚和西门子公司都宣布将在合并后各自的相关部门裁员10%~15%。这将对中国产生什么影响？

答：我们希望合并能够节省15亿欧元的成本，其中90%可能在前两年内实现，而实现的途径就是裁员10%~15%。

问：我们看到有很多企业都在并购，例如阿尔卡特和朗讯合并，爱立信收购了马可尼。不久前，阿尔卡特还宣布将收购北电网络的3G业务。您认为这种并购会发展成为全球性趋势吗?

答：这很难预料。我不得不说，目前我非常关注几件事情。首先是留住我们的客户，其次是让合并后的新公司正常运转。在过去几个月中，发生了许多企业收购事件。我认为，很难预知未来会发生什么事情。

李卫涛　文

(2006年9月12日)

超级链接

1. 农村互联

2006年3月，诺基亚移动电话事业部高级副总裁索伦·皮特森(Soren Petersen) 前往泰国清迈出差。

这位诺基亚移动电话事业部的高级副总裁遇到了一位每月收入8美元，拥有一部“第三手”诺基亚手机的夜间保安。“他是第三个购买这部手机的人，因为他无比信任诺基亚手机的质量。”皮特森说，“当地居民认为，在购买诺基亚手机一年后仍可按它原售价的75%卖出。”

这个发现，坚定了皮特森对进入农村市场的坚定信心。他认为，这将会为手机制造商带来一个新的商业机会。对于每个消费者来说，产品的质量和低廉的价格，两者都很重要。这同样适用于农民。

2006年4月皮特森飞到了重庆。在那里诺基亚举行了一次隆重的全球入门级手机发布会。皮特森在一次采访中说，中国拥有更广阔的农村市场，潜力更为巨大。因为手机在城市的拥有率已非常高。

在未来的几年中，很多住在中国农村和不发达地区的人们将会首次购买手机。皮特森希望诺基亚能提供手机。诺基亚预计在2008年，全球手机用户将增长10亿，达到30亿。皮特森说，这10亿用户中的一半将会来自亚太和中国市场。

诺基亚不仅正在积极地向农村市场推销低价格手机，同时也向这里的人们推销功能丰富的手机。诺基亚“入门级”手机价格通常低于100美元。皮特森说，如果厂商仅仅向农村市场引入低廉产品和功能单一的产品，将会是“巨大的错误”。

诺基亚为农民量身定做，专门开发了很多手机功能。如“傻瓜”操作功能，FM 收音机，闪光灯和长时间待机功能。而且诺基亚专门为农民设计了可视化电话簿。“如果一个人不能写字，他可以在手机电话簿中选择足球的图像来代表他孩子的电话号码，”皮特森说。最新的入门级诺基亚 2610 在中国设计，独特的橡胶性外壳特别为防尘而设计。这非常适用于农民，特别是在重庆这种夏季非常炎热的地方。

皮特森说，这种微小的细节可以帮助诺基亚赢得市场。目前，诺基亚拥有中国大约三分之一的市场份额。2000 年左右中国农村手机市场开始成长。当时国际厂商大多忽视了这一市场，而国内厂商借机迅速崛起。据市场咨询公司分析，国内手机厂商在 2003 年的市场份额超过 60%。2005 年年底，由于国外制造商特别是诺基亚在农村市场的不断发力，国内厂商的总体份额已经降至 40% 以下。

诺基亚大中国区客户及市场运营副总裁赵科林表示，农民对诺基亚品牌的不断了解增加了诺基亚在农村的手机市场份额。“我曾经以为诺基亚这个品牌在农村不太知名，现在看来，这个认识是错误的。”

在中国，很多人甚至还没有拥有一部电话，但很多人可以收看电视节目，特别是中央电视台的节目。这造成很多没有手机的农民通过电视广告很早就对诺基亚品牌建立了认知度。而这些人一旦购机，诺基亚就成为首选。GFK 中国的数据显示，入门级机型诺基亚 1100 是农村市场销量第一的手机型号。

中国东部手机新增用户的增长却逐渐减弱。2006 年前两个月的数字表明，增速比 2005 年同期下降。2006 年 1~2 月间，欠发达的中国中部比东部地区拥有更多新增手机用户。信息产业部统计显示，在最贫困的西部地区，手机新增用户比 2005 年同期增长 30%。

GFK 数据显示，2005 年整个中国市场共售出了 7500 万部手机。其中 30%~40% 来自于农村地区和中小城镇。赵科林说，今年诺基亚在中国最主要的工作之一便是扩展它在“四级和五级城市”的业务，更多地渗透到农村市场。

诺基亚已在积极扩展售后网络，以更好地为农村市场服务。赵科林说，“这是除了产品质量以外，诺基亚另一个巨大优势。”诺基亚“正在寻找与中国运营商合作的机会”，以便更好地渗透农村市场。

目前，中国移动已经将农村市场作为重中之重。这对诺基亚来说无疑是一个好消息。中国运营商以前不愿对农村通信建设做过多投资，因为这一市场很难带来利润，而且成本巨大。但现在，他们已经认识到农村市场存在着巨大的机会。目前城市的手机渗透率已经很高，新增用户市场乏力。

中国移动董事长王建宙表示，北京和上海的手机拥有率分别为97.8% 和 82.9 %。在广州，这个数字为 117%，意味着一些人已拥有超过一部手机。中国移动上个月在年报中表示“在农村地区，相对低的手机拥有率也意味着这些地区还存在着巨大的挖掘潜力，国家对农村发展的支持同样刺激农村市场的潜在需求”。

中国政府目前正在推行村村通工程，旨在为偏远地区提供通信服务。而中国移动也正在引导手机厂商在农村发布适合农民的手机。

诺基亚的网络业务部门最近发布了拥有创新性解决方案的话费余额自动显示（Prepaid Tracker）功能。这项新应用能够使预付用户持续追踪他们预付的账户和话费。这种创新将受到运营商的欢迎。中国目前拥有超过 4 亿手机用户，其中一半为预付手机用户。

但是，向农村领域扩展对手机制造商来说依然是很大的挑战。在中国的三级城市，非连锁商店所销售的手机占所有销售量的 50%。在乡村和城镇市场，这一数据为 80%。这表明制造商在农村市场分销领域控制力很弱。

“你不能低估新兴市场的分销系统，在那里，消费者对价格是很敏感的，”赵科林说。

李卫涛　文

(2006 年 4 月 10 日)

2．品牌至上

在日新月异的手机市场，单一一款手机很难长时间保持畅销。在中国这种换机频繁的市场尤其如此。

不过，两年前投放中国市场的诺基亚 6108 是一个例外。它的销售状况一直保持良好势头。诺基亚大中国区客户与市场运营副总裁赵科林说：“迄今为止，诺基亚 6108 仍是十大最畅销手机型号之一。”

赵科林为这个具备手写功能的手机感到非常自豪。诺基亚能够在中国这个竞争异常激烈的市场上成功地脱颖而出，这款手机功不可没。诺基亚 6108 采用内置触摸板和手写笔设计，能够在发送信息和做笔记时识别中文与拉丁文书写笔迹。此外，它还内置了一部汉英词典。短信的流行使得这款手机成为中国用户最喜爱的产品之一。

本地化产品设计是诺基亚的成功之道。诺基亚 6108 就是在北京的诺基亚产品创新中心开发成功的。由于广受欢迎，这款手机在市场上大大提升了诺基亚的品牌知名度。赵科林接受记者采访时表示“设计与产品也都承载着品牌信息”。

大多数中国人在准备购买手机时首先考虑的是时尚因素，这一点与西方人多少有点差异。外形时尚，能够迎合当地人品味的手机非常受欢迎。而诸如诺基亚 6108 等不仅外观漂亮而且功能独特的手机则更加受人青睐。

某些外国厂商（例如西门子和阿尔卡特）之所以在中国市场上竞争失利，一部分原因是其很多为迎合西方人喜好而设计的手机并未受到中国消费者的青睐。

赵科林指出“在设计和时尚方面，诺基亚始终是潮流引领者”。例如，诺基亚最近在中国推出一款全新时尚系列手机，面板采用对比强烈的红、黑、白三色。赵科林表示预计这一系列手机的销量 2005 年将会猛增。

自 2004 年 1 月市场占有率超过摩托罗拉以来，诺基亚一直保持着中国手机市场制造商的领导地位。根据北京赛诺市场研究公司（Sino Market Research）的最新统计资料，诺基亚在中国手机市场的占有率为 20.5%，而摩托罗拉只有 12.6%。

诺基亚第一季度的经营业绩表明，中国已经超过美国，成为这家全球最大手机制造商的第一大市场。2005 年第一季度，诺基亚在中国（包括香港和台湾）共计售出710万部手机，而2004年第四季度售出590万部，2004年第一季度同期售出410万部。与此相比，今年第一季度诺基亚在北美地区共销售430万部手机。

赵科林表示，强烈的品牌认知对诺基亚的成功具有非常重要的作用。他指出："诺基亚是中国最知名、最受尊敬的品牌之一。过去十年间，我们一直坚持不懈地加大品牌开发方面的投资力度。此外，我们还向第三级和第四级城市进行品牌渗透。"

扩大覆盖率

多年以来，小城市和农村地区一直为大多数外国厂商所忽略。这也是中国手机制造商在两年前占有较大市场份额的原因。赵科林指出："由于中国地形复杂，地域辽阔，因此在几年前，分销是我们面临的最大挑战之一。"不过，诺基亚很快就开始在偏远地区显露自身的强劲实力。

赵科林称，诺基亚拥有业内最出色的分销渠道和最广阔的零售市场。诺基亚通过全国分销商、省级经销商／省级直控分销商、直接零售伙伴和诺基亚服务中心实现了销售网络的合理均衡。

在很早以前，诺基亚主要依靠全国分销商进行销售。2003 年之前，诺基亚的零售网络仅覆盖中国50个城市，但到目前已经覆盖近300个城市。深圳康佳手机部经理助理刘凤喜在今年早些时候曾表示，诺基亚公司在中国湖南省一个非常小的城市里就拥有40多名销售人员。他为此感到非常吃惊。

在小城市和农村地区，大多数消费者都是首次购买手机。随着人们收入水平的不断提高，这些地区已经成为手机制造商的新兴市场。许多外国厂商都在努力打开这个新兴市场。不过，这也需要巨额的投入，尤其是在强调人力的销售领域。

西门子在向小城市和农村地区扩展销售网络失利后，去年与中国国内一流的手机制造商宁波波导公司建立了合作关系。波导公司同意为西门子开放其在中国的30000家店面的经销网络。作为交换条件，西门子承诺投资1000万欧元（约合1250万美元）在中国与波导联合开发和销售手机。这种交易更加凸显出外国厂商希望进入这个更具潜力的市场的迫切需求。

赵科林表示："诺基亚发现移动语音市场上存在着大量机遇。我们将继续致力于这个领域的发展。"

市场滑坡

据诺基亚估计，全球手机用户人数到今年年底将达到20亿，而2010年将达到30亿。全球手机用户人数的增长有80%以上将来自新兴市场。例如中国、印度、俄罗斯、巴西、墨西哥、印度尼西亚、海湾地区和非洲。这些国家和地区的手机普及率约为30%左右。

赵科林指出："在未来五年内，新增用户数有25%将来自中国。"诺基亚利用几款入门级手机型号大力进军中国低端消费市场。2004年6月份，其入门级产品中又首次新增彩屏手机诺基亚2600和诺基亚2650。

预计2005年诺基亚还会再次推出两款手机型号，其售价可能低至65~85欧元（合81–106美元）。除此之外，诺基亚还与芯片生产商德州仪器（Texas Instruments）合作开发价格较低的手机芯片。这些举措不仅提高了诺基亚的手机销量，也给传统上依靠低价战略的当地厂商带来巨大的压力。

目前，大多数中国手机制造商的利润空间不断受到挤压，甚至面临严重的亏损。赛诺市场研究公司的统计资料表明，中国本地手机制造商在2005年前四个月中的市场份额已下滑至42%，而2004年最高时曾达到47%。部分国外厂商，如松下和三菱，也同样面临困境。

赵科林表示"业内出现业绩滑坡和企业联合的情况并不意外，手机行业的竞争是以量取胜。竞争者要想生存必须拥有强大的规模经济。"

李卫涛　文

（2005年6月20日）

面子的价值

——访宝洁公司中国区总裁
李佳怡

宝洁公司中国区总裁李佳怡（Daniela Riccardi）的目标是使中国超过美国成为宝洁销量最大的市场。“这个过程也许需要十年时间，但是公司员工及我自己都坚信宝洁一定可以实现。”这位意大利籍女总裁是2005年初担任这一职务的。

作为中国乃至全球最大的消费品生产商，宝洁旗下包括汰渍、玉兰油、舒肤佳等众多知名品牌。其在华累计投资10亿美元，年销售额达到20亿美元。按销量计算，中国是宝洁公司的第二大市场。公司目前的策略是“接触到更多中国消费者”，但要“一步步来。”

继台湾和香港之后，宝洁于1988年在广州设立了其在中国大陆的第一家合资公司。和众多其他跨国公司一样，宝洁首先致力于开发国内主要城市，然后再谋求进一步扩张。李佳怡说她的目标是努力将业务扩大到拥有数百万人口的乡镇。

事实上，宝洁中国区的前任总裁罗宏斐先生(Laurent Philippe)在任期间已经为宝洁公司未来的发展打下了良好的基础。他领导开发了多元化的生产线，同时加强了对分销渠道的管理，使宝洁在其涉足的行业内几乎都名列前茅。

李佳怡被任命为中国区总裁，主要归功于其在东欧和拉美等发展中市场的任职经历：公司显然需要她的经验引领宝洁在华的进一步扩张。李佳怡透露为了向二级以下市场渗透，在2006年10月之后的半年里宝洁将大力试制不同产品规格和包装。公司也会考虑如何将分销渠道多元化，使之不但包括超市和卖场也能照顾到乡村小店的需求。

在中国的消费品市场上，宝洁不但要同跨国公司竞争，还要时刻准备迎接来自逐步成长起来的中国企业的挑战。为了保证现有的市场份额，李佳怡坚持要求公司将重点放在美容护肤领域并服务于尽可能多的消费者。

在宝洁的大部分市场上，护肤品只占总销售收入的30%~35%的市场份额，然而这一项目在2005年却占宝洁在华销售收入的65%~70%。玉兰油更是成为中国护肤品市场上销量最大的品牌，且遥遥领先于第二名。

同为国际化妆品牌的欧莱雅在中国市场除了推出自己的子品牌外，还收购了国内品牌羽西和小护士，用以满足中国中青年女性的需要。宝洁公司的策略则不同，它更专注于通过产品多样化来充分发挥玉兰油的优势。该品牌产品已覆盖青少年到中年职业女性的广大女性消费群体。李佳怡表示这一决定是在进行“充分的市场调查”后做出的。

自李佳怡上任以来，宝洁向中国市场引入了更多护肤品牌以保证其市场份额。2005年初，宝洁在北京等北方城市推出销售唇膏、指甲油、睫毛膏等的彩妆品牌封面女郎，之后向其他地区推广。李佳怡相信此举可以弥补宝洁在华彩妆领域的空白，并从已占有半壁江山的欧莱雅和美宝莲两大对手手中分得一杯羹。

2006年4月，宝洁在华推出重新包装设计的日本化妆品牌伊奈美。

同时，李佳怡表示，在一贯关注女性化妆品市场的同时，公司也希望有机会服务男性消费群体，而宝洁收购了吉列正是良好的契机。

李佳怡还希望进一步优化其国际香水品牌，如Hugo Boss和Lacoste等在华的销售。这些香水一直是宝洁的一项核心业务，但在华

销售仍“缺乏战略”。李佳怡说：“我们正在试图了解中国消费者对于香水的态度。这里的需求与其他地区存在巨大不同，所以我们在采取大行动之前要小心谨慎地行事。她认为几年之内，中国市场的香水品牌将有一个很大的突破。

当然中国护肤品市场也并非风平浪静。宝洁旗下顶级护肤品牌SK-II就曾因使用了化妆品中禁止添加的铬和钕而被迫下架一个月，对宝洁的销售造成了相当大的影响。李佳怡拒绝对此发表评论。

李佳怡表示宝洁在中国市场上遇到的一大障碍就是假冒侵权问题：假货已经占到市场上销售的所谓宝洁产品的20%,比前些年更严重。“我们一直在努力打击侵权行为，也取得了一些进展，但还远远不够。”李佳怡强调中国政府应进一步改进提高打假力度。如：她希望政府以市场售价而不是实际成本作为造假者量刑的标准，也希望警方可以通过没收造假工具以防止造假死灰复燃。

姜薇　文

（2007 年 1 月 8 日）

超级链接

1．宝洁强化分销系统巩固市场份额

宝洁公司有关人士表示将努力理顺同零售商之间的关系，以进一步巩固其在华市场并提高企业社会责任意识。

宝洁中国区副总裁柯锐思（Christopher Hassall）指出同欧美相比，中国仍然是一个全新的市场，虽然宝洁在中国已经取得了相当大的成就，公司仍将进一步考虑中国的飞速发展和巨大的市场潜力。

自1988年进入中国市场以来，宝洁已在广州、北京、成都、天津等地设立工厂或分支机构，总投资达10亿美元，并将佳洁士、飘柔、海飞丝、潘婷、沙宣、玉兰油、护舒宝、帮宝适等品牌引入中国。宝洁中国区CBD部门总经理Kevin Edwards将宝洁在华的成功一部分归功于其与零售商良好的合作关系。

清华大学经管学院的李飞指出，宝洁是首家在华建立高效消费者响应（Efficient Consumer Response）系统的生产企业。此系统能够管理产品供应并协调同零售商的关系。他认为正是这样的管理体制宝洁才可以从容应对从供货商到零售市场中的重重矛盾和摩擦。

同国内合作伙伴保持稳定的关系使宝洁得以进一步深化其社会事业。自1996年起，宝洁就加入了希望工程项目。消费者在超市每购买一件宝洁产品，就向贫困地区失学儿童捐出0.1元，以帮助他们重返校园。

3月21日，宝洁公司又向希望工程捐款400万元人民币，使该公司向希望工程的捐款总数达到2000万元。此次捐款将用于改善100所现有希望小学的环境并与世纪华联、华润万家及苏果等集团一起成立另外5所希望小学。

作为宝洁慈善项目一贯的支持者，超级市场自身也开始参与其中。

柯锐思希望宝洁可以使更多零售商加入到希望工程的行列中。另外，宝洁还在中国推出了其全球企业社会责任平台，旨在帮助全球贫困的孩子们。这一项目以“生活、学习、生存”为主题，向孩子们提供帮助直至他们成长到13岁。宝洁将向他们提供稳定的学习环境，安全的饮用水等生活必需品，并帮助他们培养必备的生活技能。

然而，也有业内人士认为宝洁的慈善事业不过是力图在虚假广告诉讼之后重塑形象而已。

宝洁公司目前在全球80个国家和地区的雇员人数大约有10万。其在 2003~2004 年度全球销售额为514亿美元。去年公司向世界各地的慈善事业捐款达1.03 亿美元。

刘洁　文

（2005 年 3 月 29 日）

2．宝洁又遇广告门

由于涉嫌虚假广告，宝洁公司“潘婷”洗发水在浙江省被紧急叫停，并被有关部门立案调查。这是该公司第二次卷入此类事件。

浙江省工商局表示，“潘婷”洗发水广告称，洗发水能补充头发氨基酸，“能够让头发十倍坚韧”等内容，涉嫌虚假宣传。宝洁中国有限公司对外事务经理张群翔认为此广告不应停播，并表示正在同有关部门进行证据采集和证据交换工作。

浙江省宁波市工商局曾指宝洁旗下四款产品，潘婷，海飞丝，舒肤佳香皂和佳洁士牙膏涉嫌虚假宣传。而最近的案例则是3月江西省有关部门提出宝洁 SK—Ⅱ去皱霜“年轻12岁”的广告语是夸大宣传。

本周三，浙江省工商局紧急叫停了所有媒体的潘婷广告，理由是该广告中“补充氨基酸从而使发丝10倍强韧”等用语违反了广告法。

周四，宝洁发表声明称广告中涉及内容均基于某权威检验机构的测试但并未指明是哪家机构。

浙江省工商局王刚透露，在周五的协商中宝洁表示将修改该广告，工商局对这一结局表示满意。然而宝洁的张群翔表示目前尚未确定修改这则广告的时间。他说："是否修改还要与全国工商局协商决定。"

据北京某媒体日前报道北京有关机构也将开始针对宝洁公司做调查。但消息人士告诉记者调查尚未正式启动，北京市工商局正在对此案进行研究。

本案同时引发了对于广告管理的关注。有位广告专家指出此次纠纷是由我国现行广告法和广告管理条例中缺乏对于虚假广告的确切定义而引起的。

刘洁 文

（2005年6月29日）

制造感知

——访皇家飞利浦电子公司总裁
兼首席执行官
柯慈雷

滁州，位于上海北部300公里外的中型内陆城市，对于皇家飞利浦电子中国集团首席营销官（CMO）陈继钧来说这是一块未知区域。但在9月当他访问该市时，这个城市立即令他和随行50人考察团中的同事们感到兴奋。

这一由皇家飞利浦电子中国集团大中华区首席执行官和所有业务部门高管人士组成的团队参观了整个城市，并调查所有相关事宜：包括会见政府官员，在电器商场同销售助理谈话，调查飞利浦和竞争对手服务中心的质量，参观医院放射科，甚至还考察了杂货市场以了解消费者的需求。

“我非常惊喜地发现，喜爱我们电子剃须刀产品的人是如此之多，但最令我兴奋的是我们具有如此大的潜能，可以销售几乎我们所有的产品，从灯泡，到电视机，到计算机，到X射线断层造影机。”这位有着18年营销经验的专家回忆道。

这就是高级执行官们可以实现年销售额37亿美元的原因。而他们在这儿逗留的三天恰恰就是飞利浦制定出关键策略的标志：中国将从一个全球制造基地转变成一个巨大的市场。“飞利浦的转变改变了我们在中国的定位”，皇家飞利浦电子公司总裁兼首席执行官柯慈雷（Gerard Kleisterlee）在北京的一次采访中谈到。

自2004年起，这一欧洲最大的电子企业实施了大规模改造，试图成为一家以市场为导向，创新驱动的高利润率的企业。在2004年9月，公司将其品牌定位从“让我们做得更好”变为“精于心·简于形”。其目标就是使飞利浦的产品能够成为简单操作，为您设计，创新科技的产品。去年，曾作为全球最大显示器制造商的飞利浦将其传统的阴极射线管（CRT）显示器业务转让给中国显示器制造商冠捷科技。

飞利浦退出了曾大打价格战的CRT市场，而转投到高利润额的平板显示器阶段。柯慈雷在8月做出了他最艰难的决定，即将半导体业务出售给三家私募股权集团。 他和他的父亲都在这一业务领域供职多

年，但他已经准备好使飞利浦脱离剧烈波动和低利润额的半导体业务。

一个月前，荷兰总公司宣布将其手机业务出售给其合同制造商之一的中国电子集团。

飞利浦这家有着115年历史的百年老店，正在改变他的发展方向。几年前，他们做了一次内部调查，要求其各个产品部门的负责人来选择他们的资金将应用于何处，以及如何发展。结果显示，现有的成熟业务受到广泛的青睐。

飞利浦的管理层决定改变保守的态度转而开始培养新兴领域，如医疗保健，并且开始关注中国和印度等地的地方市场。“转型的主题就是响应群众对医疗保健的愿望，”柯慈雷说。

在过去的三年中，飞利浦耗资35亿欧元（44.5亿美元）收购了八家医疗保健、照明和电子产品企业。柯慈雷在北京表示，他的公司正在考虑收购更多的照明和医疗保健企业。虽然中国是受CRT、半导体和手机业务转让影响最大的国家之一，但是战略转型要求飞利浦中国确定本地消费者的要求，以及关注市场机遇。

对于大多数跨国公司来说，与一个重要的市场相比，中国更是一个增加全球竞争力的制造基地。这些跨国公司位于北京、上海等大城市或沿海地区，而有着三分之二人口居住的广阔的内陆地区则由于收入水平低、成本运输和服务支持费用高、文化差异巨大和对价格敏感的消费者市场的恐惧，仍处于相对未知的区域。

中国计算机企业巨头联想集团的一位高级管理人员曾经自豪地说，美国的竞争对手惠普和戴尔将不会有机会赶上他们，因为联想的销售群包括了占中国所有城镇四分之三的2000多个城镇，其实一些城镇只有10万人口。而惠普目前的状况是，主要在所谓的拥有50万人口以上的三四级市场进行销售。

但是飞利浦已经做好准备到城镇中进行更大的冒险，正如柯慈雷下定决心重组其公司的业务路线和文化一样，飞利浦也同时下定决心渗透中国尚未开发的市场。

“我们有时会讲中国是我们的第一优先考虑对象，但在实际的生产线安排中，由于成熟市场和更高收益的吸引，使得中国总是排在第三或第四位，”柯慈雷说。

为了开发在中国、印度和巴西的新兴市场，飞利浦将改变其组织构成，为当地需求更好地定位。

在这三大市场以外的市场中，生产线的主管会经常向各自的全球总裁进行汇报。在中国，这一荷兰电子巨人拥有一个由总裁、首席财务官、首席营销官和产品部门主管，如消费电子、医疗保健和照明组成的管理委员会。他们以飞利浦集团大中华区总裁为核心展开工作，有共同的行动计划，并且联合作战投放市场以赢取战略消费者。

当飞利浦医疗部在中国西南部的成都确定了一家大型医院作为目标时，照明和消费电子部也会调动其资源以支持医疗部的竞标。

首席财务官和首席营销官制定出财政和营销建议后，各个业务部门会共同协作制定出全面的解决方案。通过如此集中的努力，飞利浦就更有可能为消费者提供完整的解决方案，赢取订单并增加忠实的消费者。

此外具有中国特色的组织，中国特色的产品也是在当地市场赢取客户的关键所在。飞利浦拥有 11 家研究机构。他们最重要的任务就是发现当地需求并且开发满足这些需求的产品。

基于在中国强大的研究和发展攻势，飞利浦已在中国创造并注册了超过 1500 项专利。

飞利浦目前的战略核心是医疗保健业务，并为像中国这样的新兴市场开发了一些城镇医疗也能负担的起的基础设施方面的相关产品。针对中国本土市场，飞利浦的电水壶就是专为迎合消费者选择低耗能特点而设计的产品。

刘百家　文

(2006 年 11 月 13 日)

精简感知

——访飞利浦集团大中华区首席执行官张玥

创新是大多数企业的活力之源，特别是技术领域的企业。那些将每年收入的大部分投入研发事业的企业就是站在竞争最前沿，并且能够超越竞争的企业。

皇家飞利浦电子公司就是真正的革新者，其庞大的研发资源引导着诸如小型盒式录音磁带和录像机等普通消费产品的发展。但是对于张玥来讲创新意味着更多的发明，成为世界商业巨头的方式。

“创新，绝不能仅限于产品研发，”飞利浦集团大中华区首席执行官张玥说。“事实上，这是每个人的工作，是关于研发、产品设计、营销甚至于我们工作准则的事情。营销人员发现商机的能力也是创新的一部分，并且至关重要。”

今年年初，飞利浦中国组建了新业务发展部，由公司各部门高级人才组成，包括消费电子、医疗系统、家庭小电器、照明和半导体。“这些员工肩负着我们未来的业务，”张玥说。

新业务发展部将会寻找“空白区域”。这家115年的百年老店仍然需要去探索新的市场。“这个团队还会促进执行部门解决方案的发展，并且通过合并和收购寻求非有机业务的增长，”张玥说。

新部门组合的形成标志着飞利浦想从单一聚焦于技术中脱离的愿望。作为世界知识产权组织新专利技术申请的领导者，公司正在研究开发一种更符合市场导向，创新发展的方法。

现在张玥正推动着公司的营销部门，甚至供应商，更多地参与“早期阶段”的研发，并帮助识别新的业务机会。希望这些新的机会将会推动未来飞利浦在中国的成长。“今后，我们以创新为导向的行动将会关注一个科技发展与市场需求相融合的完美平衡。”

在过去的两个月里，飞利浦在印度完成了可在贫困地区做饭的木柴炉的试验。如果使用得当，木柴炉与传统的三脚石炉相比可减少高达 80% 的燃料消耗。高效燃烧和高燃烧温度还可以有效降低 90% 的室内空气污染度。试验非常顺利，创新的木柴炉可能会是巨大的成功。

“这个产品的技术本身并没什么特别的。事情的关键在于谁首先提出了这一想法并识别出这一产品的潜在市场”，张玥说。他希望飞利浦在中国的员工也能像研发印度的木柴炉一样，具备识别商务机会的能力。在中国，需要将能源节约和农村发展作为优先考虑对象的地方，还会有很多这样的机会。例如飞利浦的节能照明方案，将会在中国那些进行基础设施建设的地方成为一大亮点，比如高速公路。

“飞利浦在最初进入中国时，将大部分投资放在制造设备上，随后转向于研发，”张玥说。“如今我们正将大批资金投放到本地人才身上，这也是我们需要优先考虑的事情之一。不仅培养研发专家，我们还致力于培养公司内部的营销专家。科技不能仅仅局限在试验室中。”

过去的几年，飞利浦剥离了其非核心业务，使得业务部门从十三个减为五个。虽然削减呼声不断，但公司发现现有的 5 项业务所能提供的解决方案组合已在市场中显现出强有力的竞争优势，特别是在中国。对于张玥来讲“组合”这一概念本身也是一个创新。

例如在手术室的外科医生需要照明系统、无线技术、声音及影像，而飞利浦的五项业务正包括消费电子、医疗设备、家庭小电器、照明和半导体。这些业务协同合作可以为医疗部门提供更多的整体解决方案。“我们正在尝试提供一个解决方案组合，因为中国的医疗部门迫切需要这些，”张玥说。“小型企业没有能力提供这些解决方案，因此它也恰巧支撑着我们的竞争力。如果只关注一类产品的话，我们也会失去市场。”

飞利浦所确立的医疗保健市场是它未来最大的商机，如今资产已达 17 亿美元。飞利浦所有业务比 2005 年增长 10% 以上，其中仅医疗保健一项就达到了两位数的增长。业内资源专家认为，在不远的将来，中国会超过日本成为世界上医疗器械产品的第二大市场。“我们急需通过运用信息技术，来提高医疗保健市场的效率，”张玥说。

今年年初，飞利浦设立了“精简奖 Simplicity Award ”活动，以鼓励团队提出能使公司更高效和灵活的计划。

飞利浦重新进行品牌定位，努力将其导向“精于心·简于形”的理念，为消费者开发便于操作的技术。当前公司主要关注的三个核心业务领域是：医疗保健，优质生活和核心技术。张玥说，品牌定位不仅仅是围绕着商品的开发和设计，也与飞利浦企业内部组织和流程的精简密切相关。这就需要中国所有员工的创新提议。“精于心·简于形”的理念应该融入到我们的日常工作中，”他说。

在过去的几年中，包括飞利浦在内的跨国公司都将其办事机构和合资公司扩展到中国。在这里，飞利浦已拥有 32 家合资和独资企业，60 多家办事机构和 13 家研发中心。张玥说：“跨国公司需要打开不同的思路。一个更加精简的企业，就会更具有灵活性。我们将削减在中国的法人实体的数量，其中包括我们的办事处。”

但这些并不意味着飞利浦放慢了其扩张计划。公司正在以更加进取和更加创新的方式努力开拓其中国业务。

李卫涛　文

(2006 年 5 月 15 日)

超级链接

中国农村医疗市场

对于大多数海外医疗器械制造商来讲，中国市场在2006年还处于冷冬。随着政府紧缩高端医疗设备的预算，中国医院在进口设备上的开销仅比上年同期增长了1.32%。然而，飞利浦医疗系统作为世界第三大医疗器械生产商，在2006年实现了超过10%的销售增长记录。这一数字足以令其大多数的国外同行羡慕不已。“我们发觉增长的关键部分来自于低端市场，”飞利浦医疗系统大中华区首席执行官金定义说。“在今后的几年里，我们将在乡村医疗保健的需求方面做出更大的努力。”

飞利浦医疗系统，在中国医疗保健事业中处于领先地位，是最早认识到中低价位设备商机的企业之一。通过为乡村医院引进产品，公司正努力开拓更大的市场，力图成为世界上第二大的医疗保健市场。乡村的医疗设备采购，多年以来由于当地大量的人口和收入水平的提高每年扩大10%以上。

在2006年，中国投资50多亿欧元用于医疗器械采购，如X光机和CT扫描仪。这一投资额位居世界第三。在今后的五年中，中国预期将赶超日本成为世界第二大医疗器械市场。

包括飞利浦、通用电气和西门子在内的海外设备制造商，已经采用最新设备迅速占领城市公共医院这样的高价位市场，以迎合城市日趋上升的医疗保健需求，同时却在很大程度上忽略了乡村市场，以至于将70%以上的医疗保健预算都投入到城市市场的开发中。

当前国家决定将重点转向乡村地区的医疗保健需求。作为努力在广大乡村地区建立合作医疗保健系统的一部分，中央政府在2006年承诺，在2010年前投入67.7亿元为乡村地区提供高质量的医疗服务。

作为医疗事业中反腐败斗争的努力之一，卫生部还宣布加紧控制购置医疗器械的计划，特别是昂贵的高端产品。

海外的设备制造商已经感到了压力，原因就是其产品通常靠进口，因而价格对于乡镇市场来说过于昂贵。2006年海关的数字显示，进口医疗器械的数量增长甚微，相对于去年大于16%的数量，今年仅增长了1.37%。“对于卫生保健设施的供应商来讲，乡村地区日趋重要，”金定义说。“中低端市场已占国家医疗设施市场75%的份额。

以荷兰为基地的飞利浦集团在过去的几年里进行了自身重组，并决定将重心转移到“医疗保健、优质生活、核心技术”上来。公司的医疗部现已成为世界上第三大医疗器械产品的供应商。自2003年起即维持着16%的平均收益增长。

与大多数海外巨头一样，飞利浦仍然关注通过进口高科技产品获取收益，但是企业已经试图接近正处于上升阶段的低价位市场。

2004年，公司同沈阳东软数字医疗系统股份有限公司组建了合资企业，以加强在中国提供低价位产品的能力。这是飞利浦在美国和欧洲以外的首个合资企业。该企业发展和制造了低价的CT和X光设备。飞利浦表示，该企业有望在2010年前实现每年30%的销售收入增长。

“产品主要提供给中西部地区，”金定义说。“对我们来讲在中国建成一条更完整的产品生产线尤为重要。”

据金定义讲，企业已开始向韩国、东南亚、中东和非洲地区出口产品。在那里同样有对低价位医疗器械产品的强大需求。“我们还在考虑收购那些在中低端市场处于主要地位的地方医疗器械厂商，”金定义说。

汪旭　文

(2007年4月16日)

稳步向前

——访西门子中国区总裁兼首席执行官郝睿强

刚到中国，郝睿强就爱上了驱车在北京宽阔而繁忙的街道上行驶。"在北京开车，你需要时时注意路边的行人和骑自行车的人。这就需要你思维敏捷、反应迅速，否则你就难以快速前进。西门子在中国的生意也同样如此。"西门子总裁郝睿强说。

中国拥有全球最多的人口和最快的经济增长速度，已成为全球最值得投资的国家。作为在诸多领域，如自动化、通讯、医疗、交通、家电等方面的全球领先者，西门子也越来越看重中国市场。

谈到公司在中国的业务增长时，郝睿强表示西门子在不同的领域都做了大量的工作，以取得长期稳定的发展。他说："我们专注于业务本身，不断提高我们的销售额，努力使我们的业务，尤其是研发业务更加本地化。"如今在中国，这家德国工业巨头开设了56家办事处，在不远的将来这一数字将会增加到70家。

郝睿强来到中国已经14个月了。他表示自己大部分时间都在中国的各个省之间往来穿梭。"我去了二十个省，见了当地的政府官员和客户。通过与他们交谈，我们更好地了解了市场的需求。我们在这里的投资将和中国快速发展的市场融为一体，”他说。

西门子正在加大其在中国研发业务的本土化。公司在北京建立的研发中心拥有100多名科研人员，从事着基于本地市场的研发工作。在上海和深圳，西门子也建立了两个研发中心，进行医疗器械的研发工作。这两个中心设计和制造的产品除了面向本地市场，还将面向国际市场。

在人员方面，西门子也加大了本地化的力度。郝睿强表示，中国对于西门子来说不仅是一个巨大的市场，还是一个巨大的人才库。他说：“中国是我们全球价值链中不可缺少的一部分。如今，在中国有超过36000人在为西门子工作，其中不到百分之一是外国人。这里的每一位员工都有机会做到高层。”

郝睿强介绍说，除了原有业务的增长，整合和并购也是公司实现增长的重要方式。例如，西门子最近就收购了一家江苏本地的小型发动机生产企业。

2004年，西门子购买了美净集团，一家美国污水处理公司。在中国，西门子也与一家国内公司达成了合作协议，生产面对中国市场的污水处理产品。为此，离北京不远的天津将成为公司污水处理业务的总部。

郝睿强表示，公司还在与一些其他国内公司商谈并购计划，这些公司涉及各个领域，有大公司也有小公司，但他没有透露具体的公司名称。

把握商机

西门子在中国也面临着新的机遇。“在很多领域，尤其是在中国快速发展的能源领域，我们看到了很多商机。”郝睿强说。

他谈到，西门子很多独一无二的先进技术可以帮助中国实现其宏伟的节能目标。中国政府去年宣布在今后五年内要实现单位GDP能耗下降20%。“要达到该目标，仅靠节能是不够的，还需要更有效地利用能源。这就需要有好的技术。”郝睿强说。

如今西门子已经为中国的电力行业提供了大量高能效的产品，包括各种发电设备和输电设备为中国电力产品的升级提供了帮助。

例如，在2005年12月西门子就为中石油位于新疆的一家乙烯厂

提供了六台压缩机和三台蒸汽轮机。

在可再生能源领域，西门子也在中国不断开拓着自身业务。如今在华北和华南的八家风力发电厂已经安装了88台西门子的风力发电机。

西门子同时还在与一些地方政府进行合作，提高城市建筑和交通系统中的能源利用率。郝睿强介绍说，公司正在与北京、上海和深圳三个市的市政府商谈，引进全套更加有效节能的城市交通管理系统。

西门子已经为2004年雅典奥运会提供了交通安全控制系统，面对2008年北京奥运会和2010年上海世博会，西门子也看到了巨大的商机。郝睿强说："这样的大型活动对交通系统是有着特殊要求的。"

节能环保

离开你办公室的座位几分钟，办公室的空调就会自动关闭——这只是德国工业巨头西门子在其在北京新建的办公大楼中采用的多项先进节能技术中的一项。这栋大楼将于2007年年底竣工。

郝睿强告诉记者公司一直在致力于节能环保方面的工作。“无论是我们正在履行的节能环保标准，还是我们提供给顾客的产品和技术，我们都在为实现未来的可持续发展而努力。通过提供不同的节能环保的产品，我们正在帮助中国实现其可持续发展的目标。”

如今在中国，西门子提供了大量的节能环保的产品、设备和服务系统。以与普通大众日常生活密切相关的产品为例，西门子的节能灯泡可以比普通灯泡节省80%的电。公司的节能洗衣机产品也比一般洗衣机更省水省电。

在很多大的工业工程上，西门子也为中国提供了大量的节能产品。例如，通过使用西门子的发电设备，上海外高桥发电站一年可以节省一百万吨的煤。公司还为上海石洞口发电站提供了当今世界上能效最高的燃气轮机。

郝睿强说：“我们深信西门子能为中国的可持续发展，特别是在提高能效和减少污染方面出力。”

西门子最近进行的两项并购反映了公司将在能源环保领域加大力度的决心。

郝睿强说：“如今风能已经受到越来越多的关注，通过并购丹麦风电公司波诺思这一全球海上风电的领先者，西门子大大提高了其在全球风电行业的地位。”

今年公司收购了索斯泰克，一家专注于煤炭气化技术的公司，之后西门子与神华宁夏煤业集团签订了一项协议，提供先进的煤气化设备。这也是西门子首次涉足中国的煤气化行业。

2008年北京奥运会为各大跨国公司提供了巨大的商机，对西门子也不例外。郝睿强介绍说西门子已经为北京奥运会提供了许多产品和解决方案，其中有很多是在节能环保领域。

采用西门子技术建设的北小河污水处理厂将会处理奥运村的废水。“工厂将会把废水净化成具有引用水质量的净水，而且是通过物理方式。这也就意味着没有任何化学添加剂的加入，”他说。

王颖，宛志弘　文

（2006年2月21日，2007年3月24日）

超级链接

1. 西门子否认贿赂丑闻

德国工业巨头西门子昨天否认了有关其在中国业务中存在贿赂现象的传闻，并强调绝不会姑息任何违反公司规定的员工。

此前德国《经济周刊》引用匿名消息源称，西门子在中国有一半业务中都存在贿赂现象。对此西门子中国区总裁兼首席执行官郝睿强称，关于贿赂的调查正在进行中。他强调："我们会全力配合相关部门进行调查。"他称德国媒体关于公司贿赂丑闻的报道是没有事实根据的。

西门子从2006年11月开始陷入贿赂丑闻危机。当时德国相关部门搜查了西门子总部，并逮捕了六名公司现有的和以前的员工。他们被怀疑有贿赂行为。在谈到贿赂问题时，西门子全球总裁兼首席执行官罗旭德说："我可以很清楚地告诉大家，处理贿赂问题是我工作中最重要的一部分。公司也绝不会姑息任何违反公司规定的行为。"

郝睿强也谈道："如今在公司我们拥有整套的监管系统，并向员工详尽传达了我们的政策。对于一些违反公司规定的行为，我们都做了透明公开的处理。他补充说，去年在西门子中国区，因为"公司不可容忍的原因"开除了二十名员工。

作为西门子新上任的全球总裁兼首席执行官，罗旭德这次是第一次访问中国。他说："中国对于我们开拓全球新兴市场具有非常重要的意义。"

2006年西门子在中国的销售收入是502亿元，公司计划到2010年将中国的销售数字翻一番。在过去的三年中，公司在中国投资了100亿元。去年西门子宣布将在今后几年内再向中国投资100亿元。

中国现在不断增加的人口，愈演愈烈的城市化，和越来越多的环境问题都为西门子带来了巨大的商机。罗旭德说："今年西门子中国公司下的各业务集团都将在前三季度达成全年的指标。”

郑立飞　文

（2007年8月23日）

2. 西门子启动上海医院工程

德国工业巨头西门子和德国最大的医院运营商Asklepios Kliniken昨天与上海同济大学签订了协议，共同投资10亿元在上海建立一所中德友好医院。

同济大学将拥有该医院46%的股份，西门子则拥有40%的股份。工程第一阶段的建设计划在2009年完成，医院将在2010年上海世博会前投入运营。

此次投资中德医院的西门子旗下的投资机构——西门子项目投资有限公司总经理毕舍夫谈道：“合资各方将为该项目贡献自己的核心力量。同济大学作为一家最早在中国创办的医学院的高等学府将提供医学和科学知识，西门子作为全球领先的医疗设备供应商将贡献自己在结构化融资、临床工作流程和医院技术系统解决方案等方面的专长；Asklepios Kliniken将分享自己在全球各地100多家医院的运营过程中所积累的丰富经验。”

西门子中国总裁兼首席执行官郝睿强表示：“西门子正在尽其所能，从高端到低端市场，全方位地为中国客户提供符合本地市场需求的产品和解决方案。中德医院彰显了我们在高端市场的能力和承诺。同时，我们也极为重视低端市场。我们最近在中国投资千万美元建立的农村医疗示范中心就是个很好的例子。”

为了确保提供优质的医疗服务，西门子医疗系统集团将在上海国际医学园区靠近该合资医院的位置建立一个一流的医疗成像技术研发中心。

西门子表示，上海中德友好医院的建立将证明西门子面向医疗行业的综合性解决方案的优势，即提供尖端的医疗设备和医院管理技术、临床工作流程解决方案，同时辅以最具创新的融资理念。

中德友好医院项目从一开始就赢得了两国政府的高度重视。早在2005年11月，中国国家主席胡锦涛和德国联邦总统克勒就出席了在柏林举行的该项目谅解备忘录签字仪式。

宛志弘　文

（2007年5月25日）

3．西门子签订煤气化协议

德国工业巨头西门子昨天与神华宁夏煤业集团（神华宁煤）签订了一项协议，提供其先进的煤气化设备。这也是西门子首次进入中国的煤气化领域。根据协议，西门子发电集团将向神华宁煤的煤基二甲醚项目提供煤气化设备。该项目的年产量预计为83万吨。

西门子同时还与神华宁煤签订了一项谅解备忘录，为其煤基烯烃项目提供设备。该项目不仅是神华宁煤目前建设规模最大的煤化工项目，而且也是世界上建设规模最大的煤基烯烃项目之一。西门子表示，这两项协议的签订将大大提高公司在中国乃至全球煤气化和煤化工产业的地位，同时也会加快神华宁煤相关煤化工项目的进程。

对于两个项目选用的西门子煤气化技术——GSP气化技术，西门子表示，GSP技术最大的特点是气化效率高，清洁环保，是世界上先进的煤气化技术之一。除了广泛适用于各种等级的煤种外，西门子先进的气化工艺同样可以利用生物能、石油焦和炼厂残渣作为给料。

中国的煤化工市场蕴藏着巨大的商机。根据国家发改委的规划，到2020年中国的煤化工项目将会有10000亿的投资。

神华宁煤现在拥有五个在建的煤化工项目，总投资额为1000亿元。

神华宁煤主席张文江表示，公司煤基二甲醚项目一期项目规模为年产21万吨煤基二甲醚并60万吨甲醇，年用煤约187万吨，投资约为30亿人民币。后期建设将扩展至年产83万吨二甲醚的规模，主要用于汽车燃料和替代石油。他说：其煤基烯烃项目总投资130亿元，设计规模为年产聚丙烯52万吨，副产汽油及液态燃料等其他产品22万多吨。这个项目不仅是神华宁煤至今最大的项目，而且也是世界上最大的煤基烯烃项目之一。

西门子总裁兼首席执行官郝睿强表示："西门子和神华宁煤的合作项目是西门子中国乃至全球的发展里程碑。我们将继续努力工作，在中国这个蓬勃发展的市场寻找更多的商机。"

宛志弘　文

（2007年1月18日）

星巴克酝酿中国咖啡风暴

——访星巴克全球董事长
霍华德·舒尔茨

在星巴克总部美国西雅图的一栋大楼里，一群公司高管总是在固定时间聚到一起。他们的话题不是推出一款新产品或制定新的营销战略，而是只讨论“中国”。这个被称为“中国俱乐部”的组织由星巴克300多位高层管理人士组成，学习普通话最近成为俱乐部的最新活动。

星巴克全球董事长霍华德·舒尔茨就是会员之一。“一涉及到星巴克在中国的发展，我们西雅图的办公室总是热情高涨。如果我不出差，我总是会参加‘中国俱乐部’的活动，”舒尔茨说。

尽管中国在星巴克2005年全球64亿美元收入中，只占不到10%，舒尔茨表示中国很快会成为公司在北美以外的最大市场。“我们看到的是中国仅在短短几年里就接受了星巴克，其市场表现绝对超出预期，”舒尔茨说。

有调查显示，自从1999年在北京开设中国大陆第一家门店，星巴克已经成为25~40岁的白领最受欢迎的品牌。星巴克最近几年在北京市场一直保持着超过30%的年增长率。同样，在进入上海的第二年就开始赢利，不到两年净利润就达3200万元人民币。

但是对舒尔茨而言，这只是星巴克在中国长期发展的良好开端。更大的挑战是未来如何在中国成长得更快。

专家表示，星巴克如果要实现这一目标必须找到最佳的股权结构。

当年为了降低海外发展的风险，星巴克在海外市场采用了几种不同的方式。要么把品牌授权给当地公司经营，要么成立合资公司。

北京美大咖啡有限公司是星巴克在华北地区的特许经营商，由一家香港公司控股90%。这家香港公司的主要投资方是亚太区最大的风投公司之一汉鼎亚太公司。而中国三大乳品企业之一北京三元集团持有美大其余10%的股份。

上海统一星巴克咖啡有限公司则负责上海市，以及江苏和浙江两省的业务。这家公司原先由台湾统一集团控股95%，星巴克仅持股5%。但是2003年星巴克向统一集团支付2130万美金，将股份提高到50%。

香港餐饮龙头美心集团是星巴克在香港、澳门和大陆南部市场的合资伙伴。星巴克2005年把在合资公司中的股份从原先的5%增加到51%。

专家分析，这三家独立的公司分别在其势力范围内各自为战，很难帮助星巴克建立全国性的推广。中国连锁经营协会秘书长裴亮说，

星巴克如果要加强管理控制，“从中国市场真正赚到钱”，就必须在合资企业中占控股地位。

“搞特许经营或者当小股东在最初进入新市场时有效，因为投资额不会太大。但是星巴克作为这个品牌的拥有者，也只是赚到了特许经营费。它根本就不能控制现金流，”裴亮说。

调整步伐

为了让星巴克在中国成长更有效，舒尔茨最近加强了在中国的管理层建设。2006 年 4 月他聘用了一系列高管。这几位高管在上海办公，直接向美国总部汇报。他们的任务是整合星巴克在中国的业务，包括管理，物流和市场营销。

舒尔茨称这班人马为“真正的专业人士”。他们包括：90 年代后期带领星巴克海外拓展的王京龙，香港总商会前总裁翁以登，前麦当劳中国区首席市场推广官黄丽敏。

“星巴克在中国已有 400 家店，其中 180 家在大陆。星巴克在中国的事业已经做得很大，可以与西雅图总部的高层和支持中心建立直接的联系。同时我们也相信中国会是北美以外最大的市场，因此这里值得拥有一个相对独立的管理团队，”舒尔茨说。

这一高管团队的任务之一是在星巴克合作伙伴势力范围以外的地方加快星巴克独资直营店的扩张步伐，另一个任务就是与合作伙伴谈判购买股份。

从 2005 年开始，星巴克已经开了九家独资直营店。它们位于：青岛、大连和沈阳。

“星巴克在各种不同的股权结构下迅速成长。出于战略考虑，经过一段时间后，我们会重新调整这些结构，中国也不例外，”舒尔茨说。“1999 年我们刚进入中国大陆时的情形并不像今天这样。现在，我们已经准备得更充分，也更有能力做一些事情了。因此，随着时间的推移，我们会在股权结构上做一些调整。”

2004 年底，作为加入世贸组织的承诺之一，中国向外资开放零售业，也为星巴克“更直接地”在中国发展扫清了障碍。

“但是我们会本着双赢的原则。最好的合作方式是双赢的局面，我们与美大的关系也是如此，”舒尔茨说。“大家不会忘记美大1999年把星巴克带到中国大陆的功劳，汉鼎亚太主席徐大麟先生功不可没。”

徐大麟2005年接受《中国日报》专访时透露星巴克计划购买北京美大50%的股份。根据汉鼎亚太和星巴克1999年签订的合同，星巴克可以在五年后购买公司50%的股份。目前价钱一直是双方谈判的焦点。

成立了35年的星巴克在全球有11500家门店，现在还保持着每天开五家新店的速度。舒尔茨在2006年2月接受媒体采访时说，星巴克未来3~5年还会保持年收入至少20%的增长。

“我们相信从长远来看，有足够的市场机会让星巴克在全球至少开30000家店，其中一半在北美，而另一半在北美以外的地区，”舒尔茨说。

星巴克不光提供咖啡，还卖CD、游戏，并提供无线上网。最近还与一家好莱坞机构合作寻找适合在他们咖啡店推销的电影。

第一个将在星巴克放映的电影是励志片《阿基拉和拼字比赛》，讲的是一个洛杉矶女孩如何成为拼字冠军的故事。

“今年秋天，星巴克将推出一本世界著名作家写的书，”舒尔茨说，“这本书将在星巴克的各家门店出售。”

陆洁婷　文

（2006年6月13日）

超级链接

1．请给我一杯咖啡，加点“风投”

一杯星巴克中杯摩卡——徐大麟，“亚洲的约翰道尔”。

很难想象这中间有什么联系。但是在华北地区卖咖啡恰恰是徐大麟在中国大陆风险投资中最稳定的利润来源。而这也正好证明了那句老话：别把所有的鸡蛋同时放在一个篮子里。

汉鼎亚太主席徐大麟主要投资三个领域：高科技制造，品牌消费市场，金融服务。他认为尽管中国目前还缺乏完善的风投推出机制，但中国绝对是一只会下金蛋的鸡。

“风险投资家总是要想方设法降低风险。高科技项目回报高，风险也高。二板是很理想的推出机制，但不幸的事，目前我还不能预测到底大陆什么时候有二板市场，”徐大麟说。

在这种情形下多样化投资是明智之举。“风投不一定非要投向高科技产业，”徐大麟对记者说。

几年前，在中国这样一个茶文化盛行的国家卖咖啡被人们认为是一项不可能成功的任务。“但是随着生活水平的提高，中国人现在有许多种新的消费方式。对于像星巴克这样的品牌消费，中国一定有市场，”徐大麟在上周参加星巴克华北地区第 40 家店开张仪式后对记者说。

汉鼎亚太公司在香港的一家子公司控股北京美大咖啡有限公司 90%的股份。美大是星巴克在华北地区的特许经营商，中国三大乳品企业之一北京三元集团持有美大其余 10%的股份。

一杯 23 元的中杯拿铁对于北京一个普通的三口之家来说并不便宜。统计局数据显示，2003 年 8 月北京人均月可支配收入仅为 1128 元。但是星巴克从未降价，反而在中国快速发展。手里拿一杯星巴克咖啡已经成为最时尚的行为。

徐大麟说："提供优质咖啡是星巴克的成功要素，但这只是一部分原因。星巴克提倡一种新的生活方式，给人们提供了'第三空间'。而中国恰恰有这么一批人需要这种生活方式和休闲方式，而且这批人的数量还在不断壮大。"

如果你不信，就听听黄梅的话吧。25岁的黄梅在北京一家IT公司工作，每月进两次星巴克。"在北京打个出租车随便就要花23块钱。而在星巴克，花23块钱我可以舒舒服服地坐在沙发上，边品尝咖啡，边看看书，还是挺值的，"黄梅说。

星巴克北京第一家店1999年1月11日开张。目前美大在北京已经有34家店，在天津有6家。徐大麟说："我非常满意星巴克在北京的业务状况。如果北京没有爆发SARS，生意还会更好。"但是他拒绝提供美大具体的营业额。

如果把北京的咖啡市场与上海比较，徐大麟说，他对于北京很有信心。"北京从地理上讲比上海大得多，市区包括从城东到城西的一大片地方。咖啡店在这样的环境下应该发展不错。可能每一家店的客流量不是非常大，但这恰恰是这里的优势，因为几家咖啡店开得太近反而会恶性竞争。"

从2000年3月以来，上海已经有30多家星巴克。台湾统一集团和美国星巴克公司各持股50%。徐大麟没有说他何时会把股份卖给星巴克公司。

汉鼎亚太由徐大麟在1987年成立，是亚太地区最大的风投公司之一，管理着17支基金，总额18亿美元。汉鼎亚太已经在大陆投资2亿美元。最大的投资是中芯国际，5000万美元。中芯国际预计3月会在纳斯达克和香港同时上市。

徐大麟说中国大陆改变了他做生意的方式。他说："在台湾，我很少考虑消费品市场的重要性，因为台湾是一个以出口为导向的市场。但自从我90年代初来到大陆后，我逐渐意识到大陆巨大的消费潜力。我目前还在考虑引进更多的品牌消费品到大陆来。"但是他没有透露这些新品牌的名字和所代表的行业。

陆浩婷　文

（2003年10月21日）

2. 星巴克收购美大

全球最大的咖啡连锁企业星巴克昨天收购了其在华北地区的特许经销商北京美大咖啡有限公司的控股权。

星巴克向汉鼎亚太收购北京美大的控股股东 — High Grown投资集团（香港）的所有权，High Grown在北京美大占90%股份。至此，星巴克在华独资、进而独揽中国市场利润的进程开始全面提速。北京美大目前在北京和天津一共经营着60家星巴克门店。但双方拒绝透露交易金额。

星巴克大中华区总裁王京龙表示，这项交易后，星巴克在北京美大占90%的股份，“会让星巴克在中国的运行更加有效，加速我们的发展。”“2008年奥运会来临前的两年里我们会加快发展步伐.”王京龙说。而北京三元集团仍持有美大10%的股份。

尽管中国只占星巴克2005年全球64亿美元收入的不到10%，星巴克全球总裁舒尔茨之前接受记者采访时表示中国很快会成为公司在北美以外的最大市场。

星巴克咖啡国际有限公司总裁马丁·克尔斯（Martir Coles）昨天在新闻发布会上表示，星巴克未来几年将在全球再开20000家门店，其中一半都会在亚太区。“而在中国应该会有几千个，”Coles拒绝透露具体计划。

到2006年10月1日为止，星巴克在大陆19个城市共有190家门店。1999年在北京开了大陆第一家店。

星巴克2003年向台湾统一集团支付2130万美元，将其在上海统一星巴克咖啡有限公司的股份提高到50%。该合资公司负责沪苏浙地区。其中统一集团原来控股95%，星巴克仅持股5%。Cole说不排除未来还会增持在上海的股份的可能性。

亚太地区最大的风投公司汉鼎亚太目前掌管着21亿美元。据美国蓬勃社报道，汉鼎亚太于1998年花1000万美金购买了北京美大的控股权。

郑立飞　文

（2006年10月25日）

3．星巴克撤出故宫

北京最具争议的全球化象征关门了。

在经历几个月的几百万网民声讨后，星巴克周五（2007年7月）撤出了故宫。网民声称星巴克故宫店破坏了紫禁城的庄严，是在糟蹋中国文化。而在此之前故宫有关负责人宣布故宫内任何经营主体都只能用故宫的品牌。

1911年中国封建帝制瓦解前曾有24位皇帝居住过的故宫现今是中国最受欢迎的旅游景点，每年接待700万游客。故宫博物院副院长李文儒表示，如果继续与星巴克合作，星巴克咖啡可以作为冷饮站中出售的饮料之一，但不可能再以星巴克的独立形象或店面出现在故宫中。

但是星巴克大中华区副总裁翁以登表示，星巴克不会同意这一做法。《北京青年报》引用他的话说："我们从不经营使用其他品牌的咖啡店，因此我们决定撤出。"

星巴克故宫店于2000年开业，租金主要用于故宫维护。但是今年一月，央视主持人芮成钢发起了一场网上抗议，要星巴克搬出故宫，并受到了几百万网民的支持。而星巴克否认撤出故宫与网上抗议有任何联系。翁以登说："这只是出于我们对故宫的尊重而做出的决定。"

总部位于西雅图的星巴克目前在大陆有200多家咖啡店，中国是其最主要的海外市场之一。

李文儒表示，这次主要是为了规范故宫里的经营行为，恢复故宫的庄严。他说，接下来会有几家国内的咖啡馆使用故宫的品牌在故宫里经营。

社会学家和公众对于星巴克撤出故宫意见不一。北京大学一位社会学教授说，这可能只是星巴克经营中的一个选择，但重要的是故宫的相关负责人应该拿出有效方案来更好地保护故宫的庄严。而北京居民刘玉则表示："故宫还在卖可口可乐和柯达胶卷，根本不可能把他们一起扫出去。这正反应了文化的多元性。"

吴姣　文

（2007 年 7 月 16 日）

全力投入

——访东芝株式会社社长
西田厚聪

1972 年 9 月 29 日，中国和日本正式宣布恢复邦交关系。与此同时，日本企业和它们的领导者也开始把目光投向中国——这个巨大却又贫穷的近邻。此刻他们的心情非常复杂：既渴望重新了解曾深刻影响过日本的中华文化，同时也希望恢复两国上千年的交流历史。虽然此时他们对于中国发展的前景尚存有各种各样的担心。

这也是为什么在 1985 年，东芝决定在北京举办海外最大规模的东芝综合技术展示会的原因。在那次长达 6 天的展示中，东芝当时最先进的彩色电视机和录像机都被拿到北京饭店里展示。因为北京饭店紧邻故宫和天安门广场，此次展览也被赋予了浓烈的象征意义。

二十多年以后，许多日本企业家仍然对中国持有各种各样的复杂感情：一方面他们深切地希望来分享中国经济增长带来的机会；另一方面，他们也对投资中国大陆面临的挑战和风险心存疑虑。像如何应对上涨的劳动力价格、处理与本地合作伙伴和供应商的关系、以及前几年两国并不十分乐观的政治关系，都是长期以来日本公司在华面临的挑战。

对于这些疑虑，富士通中国的总经理武田春仁用了一个简单的中国谚语来回应：不入虎穴，焉得虎子。

这一说法也代表了不少日本企业的心态。于是东芝在2006年6月7日~8日在北京再次举办了东芝综合技术展示会。在此次展出中，这个有着130年历史的日本电子巨头把它最先进的技术，如被认为是秘密武器的下一代平板电视SED、可以用于笔记本电脑等电子设备的生物电池、语音识别系统和日本公司擅长的机器人技术拿来向中国客户和公众展示。这次高调的展示也成为东芝决定全力投入中国市场的一个信号。

在中国的复印机、电视机和笔记本电脑市场，东芝有着很高的知名度，但是很少人知道东芝的其他先进技术，如核电站设备以及可以在一分钟内上升1000米的超高速电梯等。

中国目前已经成为东芝在亚洲的主要海外市场，所以它也决心加大对中国市场投入的力度，并且提高包括电子设备与零部件、数码产品、基础设施系统、和消费电子在内的全部业务部门的市场份额。“以我们现有的业务广度，包括先进的半导体、数码产品，以及在社会基础设施上的多种多样的产品来看，我们相信东芝可以在更广泛的领域为中国做贡献，”东芝株式会社社长西田厚聪说道。

中国市场对于东芝的重要性是显而易见的。在未来三年内(2006~2008)，东芝的计划是：把海外业务占集团总额的比例从2005财年（截至2006年3月底）的47%提高到2008财年的57%。东芝全球的增长目标在这三年内达到每年平均7%，而海外市场的增长可望达到15%，在中国则是20%。以这种增长速度，东芝在中国的业务收入会从2005年年底的3650亿日元扩张到2008年年底的6000多亿日元。

这种积极扩张的战略意味着：东芝必须在把所有产品线引入中国的同时，还要赋予中国业务更多的功能和加强现有运营单位的效率。

西田厚聪指出：“中国不仅在制造和营销上在东芝处于核心地位，同时也是我们的全球采购中心。”东芝在中国有64家子公司。这些公司几乎覆盖了东芝的所有业务链，包括制造、销售、服务以及研发。

中国市场在东芝全球战略中是至关重要的，因为东芝在亚洲三分

之一的生产能力都在中国。

但是，除了制造之外，中国人才的吸引力对于这个日本电子巨头也是巨大的。软件开发、语音识别和人机互动已经成为在华研发的重点。东芝并非是唯一这么认为的公司。软件巨头微软也选择了这些领域作为其在中国研发的重点，并且在北京的研发中心里开发出不少世界级的技术。

销售和营销渠道的管理对很多跨国公司来说都是一个头疼的事情，东芝也不例外。西田厚聡社长说："在我们加强在华研发、采购、生产和销售的过程中，销售和渠道策略对东芝来说至关重要。"

在消费电子领域，很多跨国公司都面临着这一难题。一些公司选择自建销售渠道，从而取得直接的控制权和有效的执行力。不过这一模式的代价会很大，而且覆盖范围也要窄很多。另外，一些公司则是依靠经销商，从而可以渗透广大的范围。然而这一模式的风险是经销商的忠诚度很低，经常会转而经销竞争对手的产品。此外，还有些企业通过像国美这样的连锁卖场，但是它们也面临卖场不断要求降价的要求，甚至卖场干脆自行降价的问题。这也会伤害到跨国公司的价格体系，并且挤压它们的利润。

三星电子就是把自己利润中相当大的一部分分给渠道商，以便取得牢固的控制力和快速的市场渗透能力。而它的韩国兄弟企业LG则自己建渠道，并主要通过自己的队伍进行销售。

东芝作为一个日本顶尖级的家电品牌，在中国包括电视机、冰箱和洗衣机的家电市场上只占很小的份额。所以，由于缺乏销量的规模，为其找到理想的渠道伙伴上增加了困难。

刘百家　文

（2006年7月10日）

又一个新时代

——访原东芝中国董事长兼总裁
平田信正

“东芝，东芝，新时代的东芝”。这是 20 世纪 80 年代初期在中国流传甚广的电视广告词，直至今天很多 30 岁以上的中国消费者还记忆犹新。

在当时的中国，像东芝、日立和丰田这些日本公司在它们各自的领域都是最著名的品牌。90 年代中的一份调查问卷指出：在中国最著名的十大品牌中，有六个是日本品牌。

然而，自从 20 世纪 90 年代以来，由于来自其他跨国公司和中国本土企业的竞争，许多日本公司已经在中国市场失去了绝对的领先优势。

现在，东芝在中国控股公司成立十年和经过多年的调整之后，开始打算重振雄风。

艰巨的挑战

要想重现当年的辉煌，东芝必须以超过竞争对手的速度增长。

2005 年 8 月 9 日，新任东芝株式会社的社长西田厚聪提出，要启动一个面向未来的策略，而这一战略的核心部分就是增加海外市场的开发力度。新计划的目的是：使海外业务从2004财年底占东芝全部的44%上升到2007财年的50%。

中国市场，这一许多跨国公司的增长引擎，也在东芝的全球战略中受到高度重视。东芝中国业务被要求以每年平均20%的速度增长，以便成为全球业务发展的火车头之一。东芝中国原董事长兼总裁平田信正指出，他的目标是使东芝在华销售和出口总额从2005年的60亿美元增长到2008年的100亿美元。

已经担任了东芝中国区最高领导人达五年之久的平田信正说到："或许每年增长20%是个很大的压力，但是我更愿意从一个积极的角度看待这个挑战。"他认为过去五年的调整，东芝中国已经在为实现一个质与量全新的高度做好了准备。

在东芝还在全球很多地区重组当地业务的同时，平田信正说，东芝中国子公司的数量不会减少，反而会继续增加。他自信地说："当我们决定投资一个新公司的时候，就已经看到它具有增长10~20年的潜力，所以削减子公司并不是我们要考虑的问题。"

一个更有可能的情况是，在不远的将来，东芝在中国子公司的数量会从63个增加到70个。而一个关键的原因就是东芝具有丰富的产品线，面对众多的市场机会，必须进入中国很多的全新领域。

虽然加大投资是成功的一个关键，但是同样重要的是提高东芝旗下公司运营的质量。

在东芝新的全球战略中，一个核心环节是取得创新的倍数效应。这也意味着所有的业务部门需要联合起来取得翻倍的效果。尽管这63家子公司是与很多不同的中国合资伙伴组成的，平田信正说，东芝中国已经在加强这些公司的协调上取得了很大的进展。"我们已经搭建好了管理体系，而且积累了许多协同作战的经验，所以我们可以说已经为进一步的协调做好了准备，"平田信正说道。

整合并不仅仅是从研发到生产到销售沿着垂直维度进行的，东芝也要加强在不同业务集团间的横向协同效应。一年前，东芝把其在华的半导体业务整合到同一个控股公司——东芝电子管理（中国）有限公司旗下，从而把设计、后期制造和市场销售全部集中到一起。同时，东芝中国也建立了一个内部的部门来管理十多个在社会基础设施领域的公司。

平田信正透露说，类似的举动也在电子设备与零部件部门中进行，而东芝也打算形成几个类似的集团以便把众多的子公司统合起来。

取胜的关键

另外一个东芝在中国面临的挑战是日趋激烈的市场竞争。由于业务覆盖从高速铁路机车到微波炉的广泛领域，东芝面临众多的竞争对手，其中不乏世界顶尖公司。

在工业设备方面，东芝要与通用电气、西门子和 ABB 争抢份额，而在家电市场，要与索尼、三星以及本土的家电企业周旋。

西门子在 2005 年 11 月宣布，它在中国的订单数截至 9 月份的 2005 财年上升了 40%。同样来自日本的索尼也在 10 月表示，它们的目标是使在华销售额从 2004 年的 30 亿美元增加到 2008 年的 80 亿美元。

虽然这些对手都各有所长，但平田信正坚信，东芝应该在研发上投入更多，特别针对中国市场产品的开发。他指出，在包括半导体和显示屏的电子设备与零部件业务群上，东芝的优势在于技术方面，而在另外两大支柱业务——数码产品和社会基础设施方面，成功的关键取决与节能和环保技术。

中国面临着巨大的节能降耗的压力，并把这一主题列入到“十一五”规划（2006~2010）中，计划到 2010 年单位 GDP 能耗要比 2005 年减少 20%。

“我们和本土的竞争对手在数码产品上差异性很小，所以我们的未来要靠节能技术，”平田信正指出。

而东芝与 TCL 合资的一个冰箱公司将于 2006 年投入运行，这也会成为东芝顺应中国趋势如何前进的范例。

刘百家　文

（2005 年 12 月 5 日）

东芝在华制定宏大目标

——访东芝驻华总代表
田中孝明

作为在中国久负盛名的日本公司，东芝为其在华业务制定了极为宏伟的目标：中国在中期应该成为与日本并驾齐驱的最大市场。此前曾担任东芝海外事业促进部部长，在2007年2月走马上任的东芝驻华总代表及东芝中国董事长兼总裁田中孝明在采访中，与记者畅谈了东芝在华的策略。

问：中国市场在东芝全球海外策略中起着什么作用？

答：东芝2006财年的在华业务包括本地销售和出口的总收入是664亿元人民币。2007年4月，西田厚聪社长访问了中国。根据他的指示，我们今年的增长速度应该达到19%，总收入应达到790亿元人民币。当然，这一增长必须是在盈利的基础上实现的。而现在东芝在华的各分支机构和部门都在努力工作，以便实现这一目标。

问：西田社长的访问体现了东芝高层对中国市场的高度重视。在那次访问中，西田社长是否对于中国战略或者它的地位有什么指示？

答：目前东芝在日本和海外市场的收入比例正好是各占一半，而且海外市场的比例还会继续增长。

自从两年前西田先生担任社长以来，东芝的盈利水平在持续改善。我们在2006~2009财年的目标年均增长率是8%，其中日本市场预计增长2%，海外市场增长12.5%。西田社长在4月访华时指出，中国的增长率应该达到每年20%。

东芝在华战略主要包括两个方面。首先，我们在中国60%的收入来自于电子设备与零部件，20%来自数码产品和家电，其他20%来自社会基础设施。在包括半导体、闪存和小尺寸的液晶显示屏在内的电子设备与零部件业务上，我们的发展相当不错，但是在另外两个领域我们必须设法取得更快的增长。

其次，在包括电视机、笔记本电脑和多功能复印机等在内的消费领域中，我们启动了全新的品牌计划，并开始在电视台播放由中国跳水明星郭晶晶代言的广告片。

问：从经营的角度来看，其实中国对于环保的需求是很大的一个机会，您觉得对于东芝来说，哪些是现实的机会，哪些是长远的机会，如何把握节能环保方面中国的需求？

答：现实的机会是，最近西屋电气获得了中国核能发电项目的订单，比如说从发电到如何有效地输送电力，从送电变电的角度来讲，对于我们来说是属于现实的、目前的商机。长远的商机，比如水处理问题，还有解决地球温室效应的问题，减少二氧化碳排放的问题。这些作为国家整体的课题，在这方面进行投入，对我们来说应该是长远的商机。原因是作为政府来讲，环保节能方面是政府的一个综合政策，也需要有一个综合的机制。例如水问题，单纯地讲水处理是很简单的，但为了解决这一问题，必须从全局的角度来看。比如说从它的上游、水源开始看，包括水的中游阶段，人使用的环节，使用完之后又流回江河这样一个整体的过程，需要有全局的把握，这不是短期内马上就能实现的。

问：开拓本土市场的问题，对于一些欧美公司来说，他们已经逐渐地研发出利用于中国的产品，像飞利浦、GE都有在中国开发出来的超声波、CT等设备，东芝在中国本土研发上进展情况如何？

答：从全球范围来讲，提到医疗设备，有四家公司，包括GE、飞利浦、西门子、东芝。今后，对其他三家企业来说，东芝会成为一个威胁，比如我们的CT，现在有一个256断层扫描技术，这在世界上是领先的，其他公司还没有这样的产品。类似于这样的产品，我们将会陆续地带到中国，在中国进行销售。能否进入前三名，这只是时间的问题。因为我们在中国有一家医疗销售公司，它一直拥有很大的销售业绩，所以今年我们实行了百分之百的独资。在制造方面也是在中国进行的，在大连也有制造医疗设备的公司。此外在开发方面，我们在大连地区有一个开发团队，超过200人。他们和日本的研究开发部门进行分工合作，现在已经形成了一个完善的体制，正在加紧进行开发方面的工作。我们也希望不断地推出针对中国市场的产品。

问：您认为东芝在中国所面临的挑战是什么？主要来自内部还是外部？

答：首先对于我个人来讲，就任中国地区的总代表是一件值得高兴的事情，同时也是一项非常艰巨的任务。对于东芝来说，在中国面临最大的挑战，与其说是外部的，不如说是主要来自客户和消费者的挑战。中国是一个人口大国，国土非常广阔，变化也非常快，如何应对飞速的变化，如何有效地利用有限的资源，这对于我们来说是能否在中国的市场竞争中取胜的关键。在笔记本方面我们有一个叫Ishop的店（是指卖东芝产品的店，是实体店，现在大约有650家左右）。东芝计划要将它发展到1000家店。不管是通过代理店销售，还是通过大型卖场进行，作为东芝，我们希望能够直接听到来自客户的声音和需求，所以建立这个店对我们也非常重要。

问：平田信正先生从2001年到2007年年初，成功地使东芝从中国笔记本的危机中恢复过来，同时非常努力地在中国用户心目中塑造东芝比较良好的形象。如果说平田先生完成了这个任务，若干年后您离开中国的时候，您希望自己完成的任务是什么？

答：平田先生在中国呆了六年七个月左右，我的任期希望在六年左右。在我就任期间，希望东芝在中国的业务整体能够更好的分工，成为一个独立的集团企业。在六、七年后，希望中国的销售额能够超过日本一个国家的销售额（2007财年为305亿美元），因为现在日本公布的销售额是全球的销售额，但我希望单纯地就一个国家来讲，中国的销售额能够超越日本的销售额。这是非常正常的事情。因为日本人口非常少，而中国有13亿人口，而且又是七年后的事情。所以，我相信中国地区的销售额能够超过日本，因为中国的购买力非常强。

刘百家　文

(2007年9月27日)

一个联合利华

——访联合利华大中国区总裁
薄睿凯

2005 年 8 月刚刚掌舵联合利华大中国区的薄睿凯（Frank Braeken），在他从前工作过的八个国家早已接触过中国市场的千姿百态。但是处理这个貌似熟悉的市场对他来说仍旧是一个充满挑战的任务。

“与其他市场相比，中国市场更大、变化更快、更复杂，”这位联合利华大中国区总裁如是说。

“从商业上，我更愿意把中国看成 50 个国家而不是一个，就像欧洲一样，”薄睿凯在他就任后接受的第一次采访中吐露了他的履新感受。

他认为一个日用消费品公司如果要在中国取得成功，就必须时刻注意节奏，要长短结合。仅仅想赚快钱，或只注重在短期内卖出尽可能多的产品，在这里不能奏效。

为了解决长远策略和短期效益之间的摩擦，这位总裁上任之初就着手公司框架结构的调整。现在联合利华有一班人马埋头于公司品牌的长期发展，而另一班人马专注于即时见效的市场推广。在过去，他们则是同时执行这两项不兼容的任务。

这只是薄睿凯来到中国后进行的大调整中的一项。2006 年在全球进行的“一个联合利华”革新战略指导下，他要将分散的公司运行统一到联合利华（中国）的架构中。这对初来乍到的薄睿凯来说是一个非常关键的时刻。

他进行了很多人事上的变动。在中国地区，联合利华的日化、食品、冰淇淋三块业务有各自的董事会。每个董事会直接向所属业务的亚太区总部汇报。这就形成一个较为分散的局面。

“现在我们已经基本完成最重要的调整，目前正在进行的是渠道整合，”薄睿凯说。

整合完成后公司的家庭及个人护理品、食品等业务都是使用同样的营销渠道。因为冰激凌受到冷冻设备、冷库以及运送中的冷藏车辆等前期专业条件的限制，公司将成立一支独立的销售队伍。目前80%的整合已经完成。

“这并不是一个一蹴而就的事情，不能采取激烈的方式在一夜之间完成。”

但是面对激烈的竞争，薄睿凯说，他不能只顾着整合的而忘了渠道扩张。“找到一个正确的节奏是至关重要的。”

“如果你跑得太快，你会失去对品牌的控制。你会发现你的产品出现在你不愿意看到的地方，以你不愿意接受的价格出售。如果慢了，竞争者会让你的货架没有容身之地，”薄睿凯说。“如果说我已经找到了正确的节奏，我也太自得了。我只是提醒自己要不断地检查行进的速度。”

同时，联合利华中国在生产成本上正在变得越来越有竞争力。投资5000万美元的联合利华安徽合肥工业园将整合公司原来在上海的生产工厂。占地25公顷的联合利华合肥工业园区2005年11月开始运行。与原来在上海的生产相比，这个新园区的成本在劳动力、运输、土地和税收上大幅度降低了近三分之一。

这些节省下的成本将会用于品牌建设。“在中国这个大市场树立品牌是很昂贵的，”薄睿凯说。这也充分说明联合利华在中国是为成长而投资，而不是追求利润最大化。

尽管中国市场正在产生越来越多的投资回报，联合利华始终把它们重新投入到广告，基础建设和营销。正因为其成长性，中国市场是联合利华全球投资的首选。

薄睿凯保守估计2006年公司在中国的营业收入将增长15%。“但是作为一个在中国消费品市场成功的公司，我们的增长率应该能达到20%。”

等公司的合肥基地全面完成建设后，联合利华产品出口的比例将从现在的10%大幅度提高。尽管联合利华在中国的目标不是出口，但是薄睿凯认为不这样做是愚蠢的。因为大量的出口不仅会帮助公司在全球更有竞争力，同时生产量越大，产品成本越低。

联合利华在全球总共有400多个品牌，而在中国市场目前仅仅运作其中的15个，而每一个品牌薄睿凯都视如珍宝。

在这位总裁眼中，立顿是最令人激动的品牌，虽然销量不大但名声响。“在中国这个饮茶大国，我们有巨大的机会让更多的人购买它。”奥妙和力士是联合利华在中国销售收入最多的品牌，而中华牙膏的销售则覆盖最广。

仅仅来到中国十个月，薄睿凯觉得在这里工作需要很多能量。

“如果我周末休息，我会有负罪感。因为这里的人似乎无时无刻不在工作。”

比起之前在联合利华法国的经历，薄睿凯更喜欢在中国的感觉，尽管联合利华在法国的营业收入是中国的五倍。“对成长的贡献并不能用销售收入来衡量。”

“这样的一个情景让我欣喜：当我在十年后回首我的职业生涯时，我能说我让世界变得不一样。”这一切在中国似乎更容易实现，因为这里有很多需要创造，需要做很多战略性的抉择。

而作为一个刚到中国不久的总裁，他建议外国新人一定要虚心。

“来中国之前不要读太多的资料，这样当你的预想被证实后，你就会错误地认为你已经了解中国。那样你就不会对这个国家感到好奇。作为一个在中国的老外管理者，同时扮演好老师和学生的角色是很重要的。”薄睿凯说。

戴琰　文

(2006年5月23日)

中国杠杆

——访联合利华亚非大区总裁
贺瑞师

三十年河东，三十年河西。联合利华高管坚信这句古老的中国格言所蕴含的意味，即商场沉浮难以预料。

作为全球重要的消费品生产商，联合利华正努力在中国进行创新和实现本土化市场战略，以求在与主要竞争对手宝洁的竞争中取胜。目前，联合利华在中国市场上经营着力士，多芬香皂，奥妙和立顿等众多品牌。

联合利华一位地区负责人告诉记者该公司正努力加强在华研发，提高其创新能力。在采访中，联合利华亚非大区总裁贺瑞师（Harish Manwani）表示联合利华计划很快扩大在上海的研发能力。之后当地的研发和创新将不仅服务于中国本土市场，同时也将服务于联合利华的全球市场。

但他拒绝透露包括投资额和具体项目在内的研发中心扩展细节。他笑着说："我们不会让竞争对手得到我们未来计划的线索。"但他透露此次投入将使上海研发中心成为联合利华重要的创新力量。

联合利华大中华区总裁薄睿凯 (Frank Braeken) 补充说，联合利华上海研发中心将迁至一个全新的办公地点。新中心在进行基础研究的同时也从事设计和产品本土化研究。他说，联合利华不但要将其全球顶尖品牌带到中国，也要为这一市场量身订做更多的产品。“上海研发中心将在这一地区发挥重要的作用。除基本研究外，还会做出更多创新，尤其是在食品领域。”该研究中心的与茶和纳米技术相关的研究对联合利华在华产品的开发做出了重要贡献。

贺瑞师指出巨大的人才库支持着联合利华在华研发工作。上海研发中心可能成为联合利华重要的全球研发中心之一，但他并未说明同该公司其他研发中心相比，上海中心的规模如何。

这位联合利华亚非区的负责人说，在中国、印度等新兴市场的研发力量将对该公司整体创新战略发挥重要作用。

他认为联合利华的中印研究中心应当彼此合作而非竞争。他表示当讨论国家对于联合利华创新战略的作用时“应该是中国加印度而不是中国对印度。”作为一个印度人，贺瑞师表示他也很高兴看到中国在研发方面起着越来越重要的作用。“我乐意看到一切对联合利华有益的事情发生。作为印度人，我并不妒忌中国的发展。”

对联合利华而言，中国不但是全新的来源更是富有潜力的消费市场。公司年营业额的 40% 来自亚非等新兴市场。预计未来增长的 50% 将在这些市场，单中国就可能占 25%。贺瑞师表示现在的目标市场是中国三亿消费者，同时计划通过进一步推广现有品牌和引进新产品来扩大消费者范围。

薄睿凯对贺瑞师的说法表示赞同，并表示联合利华会考虑将更多品牌引入中国市场，甚至是将这些产品本土化。但是“目前的重中之重是深度发掘现有品牌的潜力，这里还有充分的空间。”联合利华在全球经营 400 个品牌，但在中国只有 15 个。

对于如何从宝洁公司等竞争对手手上夺取更多的市场分额，两位高管都认为公司应坚持一贯的战略。

贺瑞师表示：“我们不会跟随竞争对手的脚步。我们会坚持自身战略，即通过提供创新产品来吸引更多的消费者。”他说如果这一战略需要更多品牌的支持，公司会引入其他品牌，但要坚持这一战略的连贯性。

宝洁在中国的市场份额高于联合利华。除了高端产品外，宝洁的产品像玉兰油和 Head & Shoulder 正在进入中低端市场。

“我们坚信一切都有可能改变，就像中国谚语所说的‘三十年河东，三十年河西’。我们有信心用自己的努力在竞争中获胜。”薄睿凯认真地说。

他指出联合利华的策略不会因对手的行动而动摇。事实上，该公司也一直在进行产品多元化的工作。中华牙膏就是一个例子。

1993 年，联合利华与上海牙膏厂签署了中华牙膏的许可经营合同。两公司于 2003 年又续签了合同。在联合利华的管理下，中华牙膏的产品线不断丰富，包含了从高端产品到大众消费的各个领域。

谈到本地化生产，联合利华也希望中国的生产基地能对其全球业务起到重要的作用。

“依靠其优势，中国将成为联合利华重要的全球采购基地。”贺瑞师如是说。

2005 年底，联合利华在安徽省省会合肥建立了一个工业园区，总投资达 5000 万美元。该园区将会加强该公司在华的生产能力。目前联合利华的生产主要在上海与合肥两地进行。而迁址合肥将使其在华生产成本降低 30%。

目前，合肥生产基地 10% 的产品用于出口，一旦其生产能力得到充分释放，联合利华期望该基地能够有更多的出口。

在此前的一个采访中，薄睿凯曾告诉过记者，该公司并不将中国作为一个出口型生产基地，但是，如果不把出口作为提高竞争力的办法，将是很“愚蠢”的。

王钰　文

(2006 年 11 月 13 日)

超级链接

联合利华中国"安家"

2007年2月，位于上海虹桥临空开发区内的由联合利华自己开发建造的"新家"——地区新总部投入使用。整整78年后，跨国公司联合利华近日再度在中国拥有了自己的建筑物。

联合利华大中国区副总裁曾锡文认为这是这个国际日用消费品巨头回归故乡的又一大步。

1929年，联合利华的创始人威廉·利华把他的公司领到中国上海时就有了自己的总部，那是位于杨浦区杨树浦路的肥皂工厂。1986年，回到中国的联合利华已经是世界500强企业，但却没有选择建造自己的办公楼，而是租用了办公室。

"现在我们终于有了自己的家，"曾锡文说。

联合利华前几年甚至把英国总部的办公楼都出售了一部分，因为从财务成本的角度看，采用租办公楼比造办公楼会让账面赢利更好看，"曾锡文说。"但是为什么在中国反而要大张旗鼓地建总部呢？一是为了履行我们的长期承诺，二是为了提升士气，全力争夺中国的市场。"

位于上海虹桥临空开发区内的由联合利华自己开发建造的"新家"总面积46000平方米，是它的全球第三大办公室。

联合利华地区新总部一期建设规模在22000平方米左右，主要用于办公，容纳1150名员工。

曾锡文说，2008年完成的二期还会增加24000平方米左右，主要用于全球研发中心进驻，建造费用在4亿元人民币左右。如果将全球研发中心投资的最现代化的研发和试验设备计算在内，整个投资在1亿美元左右。

除了历史情结，上海良好的地理位置和政策环境也促使联合利华在这里建立总部。

“这里是中国的经济中心，长江三角洲的龙头，在上海安家是理所当然的，”曾锡文说。

联合利华的工厂和众多供货商都聚集在长江三角洲，并通过上海虹桥机场中转。新总部的选址为公司运作提供了便利。

联合利华还在离上海不远的安徽省省会合肥投资5000万美元建立了全球基地。该生产基地正在扩建成为联合利华全球最大的生产基地。

上海市政府为吸引公司建立总部，还提供了很多优惠政策。此外，上海充足的人才资源也是大公司建立研发中心和地区总部的重要考量。

联合利华目前将其全球第六个科研中心建立在上海。等到新总部所有的仪器设备都落成后，中国的研发机构会从全球最小的一个一跃成为全球第二大。

这个总部也会成为公司的亚太区域性中心，之后将把位于泰国、新加坡、日本、韩国、澳大利亚的地区及全球管理部门搬迁到上海办公。

“这将会大大提高我们的工作效率，”曾锡文说，“也表明了联合利华全力拓展中国市场的决心。”

中国市场已经成为联合利华全球战略中的重中之重。2006年联合利华的全球销售业绩中，中国大陆为50亿元人民币。在亚洲列第三，位于印度和印度尼西亚之后。但是业务增长速度位列全球第一，达到20%以上。对于这个数字，曾锡文表示很满意："我们在印度经营了80年，目前印度的年销售额相当于300亿元人民币，预计再用8~10年中国市场的销售额就能赶上印度。

郑立飞　文

(2007年2月12日)

为大众中国“力挽狂澜”

——访大众汽车中国区总裁
范安德

范安德（Winfried Vahland）给人的印象是一个很拘谨的人。但是他现在终于可以咧开嘴笑了。理由是这位 49 岁的德国人在一年之内就扭转了大众汽车中国业务的颓势。

范安德 2005 年 7 月被任命为大众汽车中国区总裁，可谓是“受命于危难之际”。2004 年到 2005 年，由于高成本、缺乏新车型和来自竞争对手的强大压力，大众汽车的在华业务遇到了前所未有的困难：销量连续下降，甚至出现了亏损。

2005 年 10 月，范安德开始推行一项激进的业务重组计划——“奥林匹克计划”，在中国加大推出新车型的力度，大力降低成本，改善市场和销售活动。结果这一举措成效显著，大众汽车在中国的销售已经重获增长。

2006 年 1~9 月，销量同比上升 28.7% 达到 524558 台。范安德预计今年全年大众汽车在中国的销量将超过 600000 台。2005 年的数字是 570876 台。他说，大众汽车在中国乘用车市场的份额将从 2005 年的 17% 上升到 17.5%。同时他表示，大众汽车中国业务也有希望在今年扭亏为盈。“我们离几年以前50%的市场份额还有很大差距，但是我们正朝着正确的方向前进，”范安德说。

按照范安德的“奥林匹克计划”，大众汽车到2009年将在中国推出12~14款新车，到2008年把成本降低40%。不过他说，今年成本已经下降了20%，所以40%的计划在2007年就可以提前实现。范安德称：“速度是成功的决定性因素。”大众汽车2004年击败韩国现代汽车成为2008年北京奥运会的唯一官方汽车合作伙伴。

但是，这位抽雪茄的汽车高管并没有被胜利冲昏头脑，而保持着谨慎的乐观态度。“我们还有许多工作要做。我们有信心成为中国汽车市场的金牌得主，”范安德说。

大众汽车自80年代中期以来一直是中国汽车市场的老大。目前它和中国的两大汽车集团，上汽和一汽，经营着两家轿车合资企业。但是，毫无疑问，今后它将面临来自日美竞争对手、甚至是中国本土品牌的巨大挑战。

新产品和营销

按照从2005~2010年在中国投放12~14款新车的计划，上海大众将在2007年上半年推出斯柯达“Octavia”紧凑型三厢车。今后还将推出斯柯达“Fabia”小型车和“Superb”中型车。上海大众目前生产大众的桑塔纳、帕萨特领驭、波罗、高尔和途安系列车型。

一汽大众也将在2007年中期推出“Magotan”中级轿车。目前，一汽大众的车型包括：大众捷达、宝来、高尔夫、速腾、开迪以及奥迪A4和A6。

这两家合资企业过去一直被认为是“兄弟阋于墙”，产品的市场定位重叠。为了改变这种尴尬局面，范安德决定区分不同产品的市场定位：上海大众生产的大众品牌汽车将针对“都市年轻和时尚一族”；斯柯达品牌的目标客户是“务实、稳健的人士和家庭”；一汽大众的大众品牌产品将面向“喜爱纯正德国技术和设计”的客户；而奥迪作为一个豪华品牌则针对社会精英。

两家合资企业同时也将根据不同品牌改组它们的销售渠道，以便给不同的客户提供有针对性的产品和服务。上海大众和一汽大众推出了各自的服务品牌——“大众关爱”（TechCare）和“全方位精确关怀”（Total Care with Precision），都取得了积极的效果。

根据 JD Power 最近的一项调查，奥迪品牌在中国的消费者满意度方面名列第一，一汽大众和上海大众分别位列第三和第四。

大众汽车和两家合资企业目前在中国一共有 1000 多家经销商。

降低成本

大众汽车的产品价格在中国市场过去比竞争对手相对较贵。但是，由于它不遗余力地降低成本，其产品今后在价格上会更具竞争力。

两家合资企业为了降低成本已经实行零部件联合采购。大众汽车也将进一步加大国产汽车零部件本地化的力度，以降低成本。

按照该公司的计划，到2008年其在华生产的汽车平均国产化率将从目前的60%上升到80%。大众汽车和两家合资企业目前在中国一共有800多家供应商。

但是，范安德强调说，虽然大众汽车致力于提高零部件的国产化率，但在产品质量保证方面“毫不妥协”。他说中国的零部件产业正处在一个很好的发展态势，今后几年将达到更高的水平。

分析人士认为，中国汽车市场的价格由于竞争的不断加剧将进一步下降，这将给制造商带来更大的成本压力。

加大降耗减排力度

德国大众汽车在2007年3月宣布，计划通过引进其最先进的发动机和变速箱，到2010年把它在中国制造的汽车的平均油耗和排放降低20%以上。

根据这个称为“中国动力总成战略”的计划，大众汽车将耗资6亿美元与中国的合作伙伴生产其最新的发动机和变速箱，来装备它在本地制造的汽车。

大众汽车全球执行副总裁、中国区总裁范安德强调这一计划是响应中国政府在2007年3月提出的到2010年单位GDP能耗比2005年下降20%的目标。“作为中国轿车市场的领导者，大众汽车有责任确保其业务增长和环境保护协调发展，”范安德说。

作为这个计划的第一步，大众汽车开始在它与一汽集团在大连的合资企业生产1.8升、四缸涡轮增压FSI发动机。这个发动机能够在5000~6000转速产生118千瓦的最高功率，在1500~4200转速产生250牛顿米的最大扭距。它将首先被用于两款国产的新车——大众迈腾和斯柯达“Octavia”明锐。迈腾6月份将在一汽大众投产，明锐5月将在上海大众投产。

大连的发动机厂到2011年将拥有年产30万台的能力。该项目的总投资为15亿人民币，其中大众汽车占60%，一汽集团占40%。这个工厂将来也会生产 2.0 升的发动机。

范安德说，大众汽车将在年底发布向中国引进其他先进的动力总成技术的计划。他说，大众汽车同时也将在零部件中采用轻质材料技术，来进一步降低汽车油耗和排放。

目前，大众汽车与上汽集团在上海拥有一家发动机合资公司。它与上汽和一汽在上海还有一家变速箱厂。在长春，大众汽车和一汽还拥有一家平台零部件合资公司。

对于大众汽车在中国市场的业绩，范安德说："我们对今年在中国市场销售和利润的增长非常有信心。"但是，他没有透露具体的目标。去年，大众汽车在华的销量增张了 24.3%，达到 711298 台。这个数字使它保持了在中国轿车市场的领先地位。

中国目前是全球仅次于美国的第二大汽车市场。今年总销量预计能达到 850 万台，包括 500 万台轿车。

龚铮铮　文

（2006 年 11 月 18 日，2007 年 3 月 31 日）

超级链接

1. 大众汽车加大中国零部件采购力度

德国大众汽车计划在今年将它在中国的零部件采购比2005年提高10倍，以充分利用在中国的低成本优势。

大众汽车中国区总裁范安德说，该公司希望今年能够在中国采购10亿美元的零部件，提供给它在全球其他市场的汽车生产。而去年的数字仅是1亿美元。

范安德说，大众汽车目前正在和中国的50~70家零部件供应商商谈采购事务。中国生产的零部件比德国要便宜20%~30%。但是他强调："它们必须要达到大众汽车全球技术和质量标准。"

为了快速检验在中国采购的零部件的质量，2005年6月大众汽车在北京设立了其在华的第一家材料认证中心。以前，这一工作都要在德国进行。大众汽车目前在中国一共有800多家零部件供应商。

范安德认为中国的零部件产业正处于正确的发展轨道上，而且发展速度将进一步加快。

近几年，由于跨国汽车公司在中国加大采购力度，中国汽车零部件的出口一直在快速增长。据统计，2005年中国汽车关键零部件的出口量达到了109亿美元，比2004年上升34%。同时，中国整车出口也飙升了158%，达到16亿美元。

业内人士普遍认为，中国将成为世界最大的零部件制造基地。几乎所有的全球零部件生产商都在中国建厂，目前在中国有1000多家外资零部件企业。中国政府希望到2010年，中国每年的零部件出口量达到350~400亿美元。

但是，中国汽车工业协会副秘书长沈宁吾认为，中国汽车零部件工业目前还存在许多问题，比如说"小而散、缺乏强大的独立开发能力、利润下跌”等等。

目前，在中国一共有4000多家零部件制造企业，但是大多数因规模太小而缺乏国际竞争力。

近年来，由于下游汽车制造商的价格战和上游原材料成本的上升，中国零部件工业的利润一再下滑。统计显示，2005年该行业的利润比2004年降低了11%。

龚铮铮　文

（2006年2月28日）

2．大众汽车为捷达开辟第二工厂

德国大众汽车已经为捷达这个中国轿车市场上最老、最畅销的车型之一在西部开设了第二家工厂。

该公司称，这家位于四川成都的工厂属于大众汽车中国合资伙伴一汽集团所有，本周二开始生产捷达轿车，初期年生产能力为24000台。在此以前，所有的捷达轿车都在大众和一汽集团位于吉林长春的合资企业一汽大众生产。一汽大众目前拥有600000台的年生产能力，同时还生产其他大众车型和奥迪汽车。

在成都生产的捷达轿车将由一汽大众的网络来负责销售，主要面向中国西部市场。来自大众和一汽的高层领导表示这一举措是为了响应中国政府加快西部大开发的号召，同时也使捷达轿车更加贴近这一地区的消费者。

捷达从1991年开始在中国生产。近年来，虽然面临来自与许多竞争对手新车型的挑战，它一直是国内轿车市场最畅销的车型之一。今年上半年，捷达的销量同比增长3.4%，达到97547台，占一汽大众总销量的45%。不过，该公司没有发布捷达全年的销售目标。2006年，捷达销量达到176800台。

来自美国汽车行业咨询公司CSM Worldwide的大中华区汽车预测总

监张豫说，捷达虽然是个老车型，但是由于它“出色的可靠性”，一直受到中国消费者的欢迎。“该车型的性价比很好，也比较省油。同时，它因为国产化率很高也容易维修，”张豫说。1.6升捷达的零售价大约在71200~100600元之间。目前它的国产化率超过90%。

张豫认为，捷达的持续旺销表明中国轿车市场需求的多样化。他说，在成都生产将进一步推动该车的销量，因为中国西部汽车市场的增长潜力巨大。

大众汽车目前还与上汽集团拥有一家轿车合资企业。今年上半年，大众在中国的销量为431369台，同比激增24.6%。大众汽车中国区总裁范安德本月早些时候说，今年的总销量将会突破800000台。

一汽大众上个月表示，在今后五年将每年推出至少一个新车型。

龚铮铮　文

（2007年7月24日）